Petra Wochnik

Ostfriesland

Ein schneller Ritt durch Raum und Zeit

Geschichten von Gestern

Impressum:

Verlag: Enno Söker (ESE), Marienkamper Str. 1
26427 Esens, Tel. 04971/9105-0
info@soeker-druck.de, www.soeker-druck.de

Bildnachweise: © der Fotografien: Petra Wochnik,
außer Kapitel 6: Sebastian Pieper
© Covermotiv/Ostfrieslandkarte:
Creative Commons CCO/Petra Wochnik
© Karte Frühgeschichte: Zentrum für Marine Umweltwissenschaften (Marum), Universität Bremen

Druck und Gesamtherstellung: Druckerei & Verlag Enno Söker, 26427 Esens

Auflage: Bearbeitete und aktualisierte Neuauflage
Dezember 2020

ISBN 978-3-941163-34-8

In Erinnerung an
Herken und Gretchen Oelrichs
und ihre Tochter
Grete Ettrine Marie Wochnik

Sieben mal Sieben

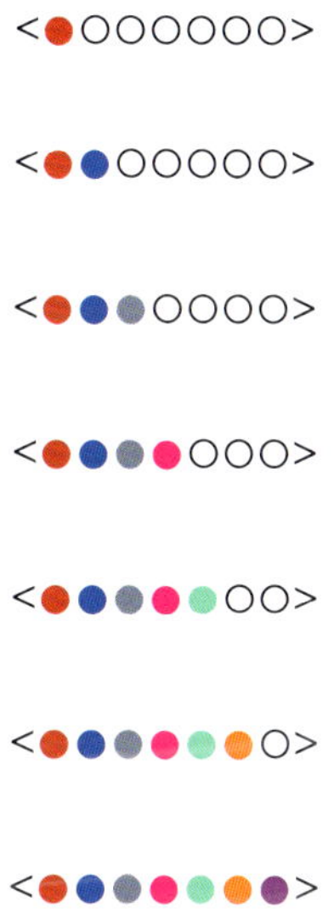

Das macht neunundvierzig

Geschichten von Gestern

Eine kurze Geschichte vorab

Vorwort

Die Vergangenheit kennen, um die Gegenwart zu verstehen und die Zukunft zu gestalten. So lässt sich kurz gefasst das Leitmotiv beschreiben, das diesem Buchprojekt über Ostfriesland voran steht. Es geht hier um das Gestern, der Inhalt ist aber alles andere als gestrig. In diesem Buch finden sich großartige und grausame Geschichten aus einer Zeit, die vor uns spielte. Es geht hier um Vergangenes, aber nicht um eine Chronologie historischer Ereignisse.

Es geht um das Besondere im Vergangenen. Um Geschichten von Gestern, die erstaunen, manchmal erschüttern, und gelegentlich bis in unsere Tage weisen. Es geht um das Fundament, auf das diese an Traditionen so überaus reiche Kulturlandschaft Ostfriesland bis heute gründet.

Vieles an und in ihr ist besonders, einzigartig in Deutschland, manchmal sogar in der Welt. Es sind vor allen Dingen die Naturgewalten, die reißende Nordsee und das Wattenmeer, der ewige Wechsel von Ebbe und Flut, die Jagd auf Wale und Seehunde, die prägten. Aber ebenso die riesigen Moore im Innern, die kaum ein Durchkommen erlaubten, damit aber auch vor fremden Eroberern und Interessen schützten.

Abgeschieden und abgeschnitten von fremden Einflüssen ist Ostfriesland immer seinen ganz eigenen Weg gegangen.

Dieses Buch ist eine Sammlung vieler unterschiedlicher Geschichten: Sieben mal sieben Schnappschüsse, die alle einen kurzen Blick auf wesentliche Momente in der Vergangenheit Ostfrieslands richten. Es nimmt Sie mit auf einen schnellen Ritt durch Raum und Zeit.

Sie spannen den Bogen von der geografischen Erdgeschichte und der Herausbildung der ostfriesischen Halbinsel über die zerstörerischen Sturmfluten und den Bau der Deiche bis zur Urbarmachung der Moore und den großen Infrastrukturprojekten des 18. und 19. Jahrhunderts.

Sie beleuchten die schicksalhaften Momente im Leben der Mächtigen, der Häuptlinge, Grafen und Fürsten aus dem Geschlecht der Cirksena, und lenken den Blick auf große Entdecker, bekannte Namen und Personen an der Nordseeküste, die Geschichte geschrieben haben. Sie schauen aber genauso interessiert auf die Dinge, die Leben und Alltag der Menschen schon immer bereichert haben, wie Tee, Branntwein und Bier. Drei Getränke, die in Ostfriesland kulturhistorisch mindestens eine genauso wichtige Rolle spielen wie das traditionelle Klootschießen.

Geschichten gibt es auch viele über die historischen Gebäude aus Backstein zu erzählen: über Kirchen und Leuchttürme, Windmühlen, Schlösser und Burgen, die sich weithin sichtbar aus dem flachen Land erheben. Vieles an Tradition ist heute noch lebendig, vieles so selten, dass die UNESCO es unter den Schutz des immateriellen Kulturerbes gesetzt hat, wie etwa die Ostfriesische Teekultur, den Blaudruck oder den Orgelbau und die Orgelmusik. Ostfriesland verfügt über eine historische Orgellandschaft, die so zahlreich bestückt ist mit der Königin der Instrumente wie nirgendwo sonst auf der Welt.

Geschichte überbracht in neunundvierzig kleinen Geschichten. Jede kann auch für sich alleine stehen. In ihrer Summe ergeben sie ein lebendiges Mosaik des Gestern in Ostfriesland.

Inhaltsverzeichnis

Nachschlag: Noch mehr Geschichten

Wer Lust auf weiteren Lesestoff zu Ostfriesland hat, der wird zusätzlich im Internet bestens informiert: auf Ostfriesland Reloaded. Das Online-Magazin der Autorin wirft einen frischen Blick auf Ostfriesland, bringt neue Perspektiven und lädt dazu ein, Altbekanntes wieder zu entdecken, aber auch Neues zu beleuchten. Denn Ostfriesland hat nicht nur eine großartige Vergangenheit, sondern mindestens eine ebenso vielversprechende Zukunft. Man muss das Interessante und Außergewöhnliche nur entdecken!

Spannende Reportagen, interessante Interviews und jede Menge Portraits von Menschen, die etwas bewegen. „Der wilde Westen vom Norden", das ist:

www.ostfrieslandreloaded.com

Eine kurze Geschichte vorab

Der Römer ist entsetzt. Da hat man schon gedacht, dass die Gallier an Unkultiviertheit nicht zu übertreffen sind, und dann das: Ein Volk, das in armseligen Hütten auf Erdhügeln haust und frierend versucht, zwischen Ebbe und Flut, in Schilf und Schlamm zu überleben. Hatten Asterix und Obelix immerhin noch Wildschweine in den Wäldern rund um das berühmte gallische Dorf zu jagen, ernährte sich der Ostfriese um Christi Geburt vorwiegend vom Fischfang.

Woher wir das wissen? Von einer Erkundungsfahrt, die die Römer im Jahr 12 v. Chr. in diesen entlegenen und schwer zugänglichen Landstrich im hohen Norden unternahmen. Der Bericht des Historikers *Plinius* ist wahrlich erschütternd:

„Eine Gegend von der es zweifelhaft ist, ob sie zum Land oder zum Meer gehört. Dort bewohnt ein beklagenswertes Volk hohe Erdhügel, die mit Händen nach der Maßgabe der höchsten Flut errichtet sind; in den so erbauten Hütten gleichen sie Seefahrern, wenn das Wasser das umliegende Land bedeckt, Schiffbrüchigen, wenn es zurückgetreten ist; auf die zugleich mit dem Meere zurückweichenden Fische machen sie um ihre Hütten herum Jagd. Es ist ihnen nicht vergönnt, Vieh zu haben, sich von Milch zu ernähren wie ihre Nachbarn, ja nicht einmal mit wilden Tieren zu kämpfen, da jegliches Buschwerk fehlt.

Aus Schilfgras und Binsen flechten sie Stricke, um Netze für die Fische daraus zu fertigen, und indem sie den mit den Händen ergriffenen Schlamm mehr am Winde als an der Sonne trocknen, erwärmen sie ihre Speisen und die vom Nordwind erstarrten Glieder durch Erde. Zum Trinken dient nur Regenwasser, das im Vorhof des Hauses in Gruben gesammelt wird.“

Es waren die germanischen Stämme der Chauken und Friesen, die in diesem so elenden Landstrich ein karges Dasein fristeten. Obwohl man sich nicht ganz sicher ist, ob die Ur-Friesen schon germanisch waren oder es durch den Zuzug erst wurden. Sie verdrängten jedenfalls nach und nach die Chauken, die nach dem 2. Jahrhundert nicht mehr erwähnt werden.

Vom 4. bis zum 7. Jahrhundert versinkt das Land in das Dunkel der Geschichtsschreibung. Münzfunde in Südfrankreich, ein rostiges Damaszener-Schwert und eine kleine Glasperle aus dem Vorderen Orient entdeckt in einem Grabhügel unter dem heutigen *Upstalsboom* in Aurich zeugen vom regen Fernhandel im frühen Mittelalter, doch ansonsten: keine schriftlichen Quellen – nirgends.

Erst mit Ende des 8. Jahrhunderts gibt es wieder Meldung aus dem Land zwischen Meer, Marsch und Moor. Zu verdanken haben wir die Berichtslage aus dem frühen Mittelalter *Karl dem Großen* und seinen Versuchen, die Friesen zu christianisieren. Während der Zeit der Sachsenkriege war das nicht von Erfolg gekrönt, doch nach deren Niederlage fiel dann auch der Widerstand der Friesen in sich zusammen. Sie wurden Christen.

Vor allen Dingen aber waren sie unmittelbar dem Karolingerherrscher – und nur diesem – untertan. Zwischen ihm und später allen ostfränkischen Kaisern und Königen und der ostfriesischen Bevölkerung, gab es keine anderen Landesherren. Bis ins 14. Jahrhundert gab es nur „freie Friesen."

1. Von Sturmfluten und anderen Katastrophen

Das Wasser steigt höher und höher, dringt immer weiter ins Landesinnere vor – seit Jahrtausenden tut es das, seit dem Ende der Eiszeit. So entstand überhaupt erst die Nordsee. Mit Hügeln, dann langen Graswällen und schließlich mit einer geschlossenen Deichlinie, dem Goldenen Ring, begannen sich die Menschen im Nordwesten zu schützen vor dem drängenden Meer. Sie geben Ostfriesland bis heute sein unverwechselbares Gesicht. Von grausamen Sturmfluten und deren Zerstörungswut erzählt dieses Kapitel, ebenso von den Tragödien vor den Ostfriesischen Inseln, wenn Schiffe im Orkan dort strandeten. Die ersten Seenotrettungsstationen Deutschlands standen in Ostfriesland.

Das „Doggerland“: Vor 10.000 Jahren war die Nordsee ganz weit weg.

Wie gewonnen, so zerronnen: Beständig ist nur der Wandel

<●○○○○○○>

Wäre man vor zehntausend Jahren über Ostfriesland und die Nordsee geflogen, hätte man keine Küste und kein Wasser gesehen, sondern nur Land. Denn die Nordsee ist ein relativ junges geologisches Meer, wie ein Blick auf die Karten der geologischen Erdgeschichte zeigt. Damals war sie noch sehr klein in ihren Ausmaßen. Auch England und die Themse gehörten noch zum europäischen Festland. Gut zu erkennen sind zu diesem frühen Zeitpunkt schon der Rhein, die Weser und die Elbe, die heute noch natürliche Grenzen bilden. Die Ems mündete in dieser Zeit laut Forschungen der Universität Bremen noch ins Elbe-Urstromtal und nicht wie heute ins Meer.

Doggerbank und weite Landstriche des ehemaligen Küstenverlaufs, das frühzeitliche „Doggerland", sind heute überflutet und bilden den Boden der Nordsee. Denn die gewaltigen Gletscher der Eiszeit schmolzen über die Jahrtausende dahin: Der Wasserstand stieg in viertausend Jahren um unglaubliche 40 Meter an. Das ist ein Anstieg von einem Meter in 100 Jahren.

Solche Werte erwartet man jetzt wieder für das 21. Jahrhundert, nachdem der Anstieg sich in den letzten Jahrhunderten auf etwa 30 Zentimeter pro Jahrhundert eingependelt hatte. Langfristig betrachtet nähern wir uns mit dem Anstieg des Meeresspiegels also wieder dem Durchschnittswert der geologischen Erdgeschichte.

Nur, dass dieses Mal die Erderwärmung hausgemacht ist, wir sträflich besseren Wissens die schützende Ozonschicht unserer Erde schädigen. Wenn auch die Ursache der deutlichen Erderwärmung heute eine andere ist als in den Jahrtausenden zuvor, können die Folgen für die Nordseeküste ähnlich gravierend sein.

Ein Blick auf den Küstenverlauf zeigt, dass das Meer sich im Laufe der geologischen Zeit erheblichen Raum erobert hat. 960 n. Chr. lässt sich bereits ganz gut die typische Form Ostfrieslands erkennen, das sich zwischen den beiden großen und uralten Flussläufen Ems und Weser wie eine geballte Faust in die Nordsee streckt. Auch die vorgelagerten Inseln sind schon herbeigeweht.

500 Jahre später hat die Nordsee wieder „Land gefressen“ und ist in großen Bereichen weiter vorgedrungen: Um 1500 n. Chr. bilden der Dollart, die Leybucht, die Harlebucht und der Jadebusen markante Löcher im Küstenverlauf. Auch Butjadingen, ganz im Osten der geologischen ostfriesischen Halbinsel, war zu dieser Zeit – durch die *Friesische Balje* – vom Festland getrennt eine große Insel an der Weser.

An diesen großen Landverlusten haben auch die ersten Deichbauten nicht Wesentliches ändern können, vor allen Dingen die großen Sturmfluten haben immer wieder am Land genagt. Ganze Dörfer sind im Meer versunken.

Von einem *Atlantis an der Nordsee* spricht das Museum *Leben am Meer* in der Peldemühle in Esens, das sich mit der Entwicklung der Küstenlinie im Harlingerland beschäftigt.

Doch besonders an diesem Abschnitt der langen ostfriesischen Küste kann man ganz besonders gut beobachten, wie sich die Küstenbewohner nach und nach verlorenes Land auch wieder zurückerobert oder sogar ganz neues geschaffen haben.

Denn ab 1500 n. Chr. begegnete man den fortwährenden Verlusten durch Sturmfluten mit einem aktiven Küstenschutz, der auch auf Landgewinnung setzte. Der heutige, relativ gradlinige Verlauf der nördlichen Küstenlinie Deutschlands ist ein Ergebnis jahrhundertelanger menschlicher Mühen, der Nordsee wieder Land abzuzwingen.

Von dem Wasser der riesigen Harlebucht, die vor fünfhundert Jahren noch zwischen Esens und dem Wangerland lag und fast bis Wittmund reichte, ist im 21. Jahrhundert nichts mehr zu sehen.

Nur die alten Sielhäfen nördlich von Wittmund erinnern noch an eine der größten Landgewinnungsmaßnahmen der Küstengeschichte: Es entstanden und verlandeten seit dem späten 16. Jahrhundert nacheinander die Sielorte Altfunnixsiel, Neufunnixsiel und Carolinensiel. Mitten durch relativ frisch gewonnenes Land geht es heute von dem schmucken Museumshafen in Carolinensiel durch die Friedrichsschleuse zum noch weiter vorgelagerten, neuen Fährhafen von Harlesiel. Der steht erst seit 1956 in den Karten.[1]

Doch wie heißt es so schön: „Wie gewonnen, so zerronnen." Nichts ist beständiger als der Wandel. Wie unsere Nordseeküste wohl in 500 Jahren aussehen mag?

[1] Für mehr Informationen zur Siedlungsgeschichte und Veränderung der Küstenlinie des Harlingerlandes lohnt ein Besuch des Museums *Leben am Meer* in Esens: www.leben-am-meer.de.

Eine kleine Geschichte zu den großen Sturmfluten

<●●○○○○○○>

Die Weihnachtsflut von 1717, die als die verheerendste Sturmflut der Neuzeit in die Geschichte der Nordsee eingegangen ist, war bereits die zweite, die das Land an einem Weihnachtstag traf. Rückblickend war es aber immer wieder an Allerheiligen, dass grausame Sturmfluten das Land überschwemmten. 1236, 1532 und 1570 war das der Fall. Auch eine schreckliche Sturmflut jüngeren Datums, die von 2006, passierte wieder Mal an einem 1. November. Daher hat auch dieser uralte Spruch noch heute seine Berechtigung:

„Allerheiligendag, Vrisland veel beklagen mag."

Historische Sturmfluten an der Nordsee – eine Auswahl[2]:

26.12.838 ▶Weihnachtsflut, Erste dokumentierte Sturmflut an der Nordsee; ca. 2500 Tote im Gebiet der heutigen Niederlande

17.02.1164 ▶1. Julianenflut, 20.000 Tote; erster Einbruch der Jade, große Schäden im Elbegebiet

16.01.1219 ▶1. Marcellusflut, 36.000 Tote; große Überflutungen auch im Elbegebiet; erster überlieferter Augenzeugenbericht

14.12.1287 ▶Luciaflut, Beginn der Bildung des Dollarts, 50 000 Tote

16.01.1362 ▶1. Manndränke, 100.000 Tote; Einbruch des Dollart, Erweiterung von Leybucht, Harlebucht, Jadebusen und Eidermündung, Untergang großer Teile Nordfrieslands

09.10.1374 ▶1. Dionysiusflut, größte Ausdehnung der Leybucht bis zur Stadt Norden, Untergang des Dorfes Westeel bei Norden

---

[2] Quelle: Niedersächsischer Landesbetrieb für Wasserwirtschaft, Küsten- und Naturschutz (NLWKN)

11.10.1634 ▶ **2. Manndränke,** Insel Strand geht unter; Reste sind die Inseln Nordstrand und Pellworm; mind. 8 000 Tote

24./25.12.1717 ▶ **Weihnachtsflut,** 11.150 Tote von Holland bis zur dänischen Küste; größte bis dahin bekannte Sturmflut mit Überflutungen und Verwüstungen ungeheuren Ausmaßes

03./04.02.1825 ▶ **Februarflut,** 800 Tote; entlang der Küste kam es zu vielen Deichbrüchen und schweren Dünenverlusten auf den Inseln; höchste Sturmflut an der Elbe bis 1962

13.03.1906 ▶ **Märzflut,** höchste bis dahin festgestellte Sturmflut an der ostfriesischen Küste

31.01./1.02.1953 ▶ **Hollandflut,** schwerste Naturkatastrophe des 20. Jahrhunderts im Bereich der Nordsee. In den Niederlanden ca. 1800 Tote, weitere Todesfälle in England/Belgien; keine größeren Schäden an der deutschen Küste, aber Überprüfung der Deiche

16./17.02.1962 ▶ **Februarflut,** 340 Tote, davon 19 in Niedersachsen, ca. 28.000 Wohnungen bzw. Häuser beschädigt und ca. 1.300 völlig zerstört; höchste bisherige Sturmflut östlich der Jade mit 61 Deichbrüchen in Niedersachsen; betroffen war vor allem das Elbegebiet

3./4.1. u. 20./21.1.1976 ▶ **Januarflut,** bis heute höchste Wasserstände an der Elbe, zahlreiche Deichbrüche in Kehdingen und der Haseldorfer Marsch

28.01.1994 ▶ **Januarflut,** höchste Scheitelwasserstände an den Oberläufen von Ems und Weser

01.11.2006 ▶ **5. Allerheiligenflut,** höchste Wasserstände im Bereich des Dollarts

Weihnachten 1717: Die Nacht des Schreckens und Grauens

<●●●○○○○>

Nichts Böses ahnend ging man zu Bett an diesem 24. Dezember 1717. Die Familien hatten gemeinsam wie immer den Heiligabend gefeiert. Der Sturm, der im Laufe des Tages draußen immer heftiger aus West und später aus Nordwest blies, hatte sich zum späten Abend wieder gelegt. Der Mond stand im letzten Viertel, kurz vor einer Nipptide, die normalerweise nur eine schwache Flut bringt. Absolut keiner rechnete mit einer derart gewaltigen Sturmflut, wie sie nur wenige Stunden später die Menschen aus den Betten riss. So überraschend wie sie nachts kam, so grausam war sie, die Weihnachtsflut von 1717, die als die verheerendste Sturmflut der gesamten Neuzeit in die Geschichte der Nordseeküste einging.

Sie überschwemmte das ganze Land, reichte von den Niederlanden bis nach Nordfriesland und zerstörte alles, was sich den Fluten in den Weg stellte, riss Gebäude, Höfe, Menschen und Tiere mit sich und raubte den Überlebenden die Existenz. Was war geschehen?

Tagelang hatte ein starker Wind aus Südwest vor Weihnachten ungeheure Wassermengen durch den Ärmelkanal in die Nordsee gedrückt. Parallel bewegten sich am Himmel über der Nordsee zwei Fronten aufeinander zu, aus denen sich in der Weihnachtsnacht plötzlich ein schwerer Orkan mit Starkwind aus Nordwest entwickelte.

Der drückte unablässig die prall gefüllte Nordsee gegen die Deiche, deren Pegel, obwohl Ebbe, sehr schnell anstieg. Das Wasser konnte gegen den Windstau des Orkans nicht ablaufen wie normal, sondern stieg immer höher und höher, bis es schließlich die Deiche überspülte.

Solchen Wassermengen und solcher Dauerbelastung hielten die alten Graswälle irgendwann einfach nicht mehr stand. Noch vor Einsetzen der Flut am Morgen brachen sie in sich zusammen.

Das Nordseewasser strömte mit voller Wucht tief ins Landinnere. Es kam förmlich von überall, von allen Seiten. Für die Menschen direkt hinter dem Deich, in den kleinen Sielhäfen der Küste, war kaum Rettung. Viele kamen noch auf dem Bett liegend um, besonders alte Leute und Kinder, die auf Hilfe angewiesen waren. Dort war die Zerstörung am größten, wurden die Menschen ohne Vorwarnung überrascht, passierte alles viel zu schnell.

Auch den meisten anderen Menschen blieb nur wenig Zeit, sich auf ihre Dächer zu retten, bevor ihr Haus unter dem Druck der tobenden See zusammenbrach. Auf ihren Dächern trieben sie dahin, saßen auf Heuhaufen, die sich als Rettungsinseln sehr bewährten, oder hielten sich krampfhaft an Baumstämmen über Wasser, während die Fluten sie wild weiter ins Land spülten.

Doch damit waren sie noch längst nicht gerettet, wie *Friedrich Arends* viele Jahre später, in seiner 1833 in Emden erschienenen Chronik, zu berichten weiß:

„Nackend und bloß entrinnen die meisten der Gefahr, viele müssen so im Freien die lange kalte Winternacht, unter dem Heulen des rasenden Sturms, dem Toben der Wogen abwechselnd vermischt mit schwerem Regen, Hagel, Donner und Blitz ausharren. Auch dort für viele keine Sicherheit... von Kälte erstarrt, fällt einer der Entkommenen nach dem Andern vom Baum, vom Dach, vom Heu herab oder gibt auf dem Zufluchtsort selbst seinen Geist auf."

Im kleinen Küstenort Neßmersiel zählte man allein 150 Tote. In Westeraccumersiel blieben nur 7 von 100 Häusern erhalten. Dort waren 397 Tote zu beklagen, auch im benachbarten Dornumersiel ertranken fast alle Einwohner. In Bensersiel ist nur ein Beispiel bekannt, wo die Flucht auf einem Boot gelang. Die ostfriesischen Ämter mit Sielhäfen zur Nordsee wie Greetsiel (95 Tote), Norden (282 Tote), Berum (585 Tote), Esens (842 Tote) und

Wittmund (373 Tote) listeten die höchsten Verluste an Menschenleben. Aber auch die Ämter Leer (5 Tote), Emden (53 Tote) und Pewsum (9 Tote) waren betroffen und selbst das Amt Aurich (92 Tote) in der Landesmitte verzeichnete Opfer.

Insgesamt verloren mehr als 10.000 Menschen an der Nordseeküste ihr Leben. In Ostfriesland mit dem Harlingerland zählte man knapp 3.000 Opfer, in Oldenburg mit Butjadingen und den Herrschaften Jever und Kniphausen gut 4.000. Für Deutschland werden insgesamt zwischen 8.400 und 9.700 Tote genannt. Nach Schätzungen gingen ebenfalls 9.700 Pferde, 44.000 Rinder, 36.400 Schafe und 9.800 Schweine in den Fluten unter. Erst am Geestrücken und den Hochmooren, die das Innere der Halbinsel durchziehen, kam das Wasser in Ostfriesland zum Stehen.

Das Überschwemmungsgebiet hatte gewaltige Ausmaße und war niemals später, bei keiner Sturmflut bis heute, größer. Sie ist auch die erste, die sehr gut dokumentiert ist. Viele Augenzeugenberichte von Betroffenen, Briefe und Kirchenbucheinträge gibt es, sogar Chroniken. Auch die amtliche Statistik arbeitete schnell: Bereits am 25.12.1717 übermittelten die beiden Ämter des Harlingerlandes, Esens und Wittmund, einen ersten Lagebericht an ihren Herrn, Fürst *Georg Albrecht* in Aurich. *„Betrübt und mit wehmütigem Herzen"* teilten sie mit, *„dass diesen Morgen zwischen 7 und 8 Uhr die gantze Gegend und hiesige Polder, soweit man nur sehen kann, von saltzem Wasser so hoch überschwemmt worden ist, dass von Uttel bis nach Isums hin und weiter hinauf in der ganzen Circumferentz und soweit der Horizont sich erstrecket bis an Jever heran und im Jeverland nichts als Wasser zu sehen ist, und nur noch einige nahe am Flecken Wittmund gelegene Äcker und der eintzige Weg nach Updorp zum theil noch davon befreyet ist."*

An den Küsten des Harlingerlandes waren die Deiche allein an 63 Stellen gebrochen. Auf großen Deichabschnitten waren die Deichkörper förmlich eingeebnet. Man zählte fünf große Schiffe, die der Sturm und das Wasser hinter die Deiche getragen hatten. Eines wurde sogar bis nach Fulkum im Landesinneren gespült.

Dort sah es auch Pastor *Johann Christian Hekelius,* der ein Fernglas besaß und das gestrandete Schiff von seiner Kirchenwarft in Resterhafe bei Dornum erspähte.

Unter den Chronisten nimmt *Hekelius* eine Sonderrolle ein, weil er Augenzeuge des schrecklichen Geschehens der Weihnachtsnacht und der darauf folgenden Tage war. Sein Bericht gehört zu den eindringlichsten Schilderungen, die überliefert sind:

„Um meinem Hause herum sahe es aus als wen der grausamste Feind Hauß gehalten hätte; 8 tode Kühe sambt ihren Ställen waren da angeworffen; Häuser, Haußgeräthe waren da Stückweise angetrieben; Breter, Sparren. Latten, Leitern, Rollbäume, Waltzen, Dächer von Häusern, Thüren oder Thoren lagen da durch einander und so viel Torff, Stroh und ander Guth, daß man kaum darüber gehen konnte. Auf dem Wasser selbst schwammen noch Betten, Kasten, Menschen, Vieh und allerhand Guth herum, welches unmöglich ohne Wehmuth, auch nicht ohne Angst konte betrachtet werden.

Man sahe auch hin und wieder auf den Häusern Menschen sitzen, welche mit Noth-Zeichen durch Wincken und auf andere Weise ihr Elend vorstelleten, die doch nicht konten errettet werden, weil Fahrzeuge fehleten, auch das Wasster anfänglich noch zu ungestüm war und also nebst den Ihrigen Hunger und Durst, Kälte und Noth einige Tage haben leiden müssen."

Denn erst zum 28.12.1717 schwächte der Sturm langsam ab. Noch Wochen und Monate nach der Flutkatastrophe wurden Leichen angeschwemmt. Es ist wieder *Hekelius,* der von einem der größten Leichenfunde aus jener „Nachflut"-Zeit berichtet: *„Elendig mag es anzuschauen gewesen seyn, als bey Dornum, im Monat Februario, vor einem Steg 30 Personen, welche von dem Wasser zusammen getrieben waren, beyeinander todt gefunden, worunter Mütter waren, welche ihre Kinder umarmet, andere, die ihre Kinder fest an sich gebunden, einige die 2 von ihren Kindern in den Armen hatten ..."*

Es waren vor allen Dingen die Kirchen, die sich um die in Not geratenen Menschen kümmerten, sie aufnahmen und wie etwa

Hekelius im großen Stil Spenden sammelten. Erst durch ihre Einträge in Kirchenbüchern und Chroniken ist vieles von dem unglaublichen Elend überliefert. Sie waren es aber auch, die die Weihnachtsflut als moralischen Zeigefinger zu nutzen wussten. Nach einer Rinderseuche in 1715, die zum Verlust von 60.000 Tieren führte, und einer Ungeziefer- und Mäuseplage in 1716, glaubten nicht wenige daran, dass Gott sie mit der Weihnachtsflut in 1717 für ihren Hochmut und Wohlstand in den Jahren davor strafen wollte. Auf Anordnung des Fürsten von Ostfriesland vom 4. Januar 1718 wurde nun täglich außer samstags zwischen zehn und elf Uhr zusätzlich eine Stunde gebetet, um auf diesem Wege Gottes Gnade wieder zu erlangen.

Der dringende Wiederaufbau der Deiche kam in manchen Gegenden jedoch nur schleppend voran. War es doch der schlechte Zustand der Deiche und weniger Gottes strafende Hand, der zu dem großen Unglück maßgeblich beigetragen hatte, wie fortschrittliche Geister schon damals herausfanden. Vor allen Dingen in Emden und Norden kam es durch ewige Kompetenzstreitigkeiten über die Ordnung des Deichwesens zwischen den Landständen und dem Fürstenhaus zu Verzögerungen, die neuen, kleinen Sturmfluten zwischen 1717 und 1721 ein leichtes Spiel machten und immer wieder zu neuen Zerstörungen an der sich nur langsam wieder schließenden Deichlinie führten.

Die Folgen der Weihnachtsflut waren für Land und Bevölkerung verheerend. Es dauerte in manchen Regionen bis zu 20 Jahre bis man sich einigermaßen von der Katastrophe erholt hatte. Das Land wurde für viele Jahre unfruchtbar, Ernteausfälle und Hunger folgten, es kam zu massenhaften Versteigerungen von Grund und Gütern. Gleichzeitig forderte der Deichbau zusätzliche Kräfte und Kosten. Das Volk litt besonders unter Sonderabgaben und Sondersteuern. Doch die reichten längst nicht aus: Das ostfriesische Fürstenhaus musste sich bei vielen Herrschaftshäusern Geld leihen. Auch die Niederlande nebenan gaben großzügig einen Kredit in Höhe von 1,2 Millionen Gulden.

Für *Paul Weßels,* Historiker und Leiter der Landschaftsbibliothek in Aurich, war die Weihnachtsflut von 1717 das einschneidende Erlebnis für Ostfriesland mit Folgewirkung. Aus ihr entsprang beispielsweise der *Appelle-Krieg,* ein regelrechter Bürgerkrieg zwischen fürstentreuen und „renitenten" Ständen um die Frage der Steuerhoheit im Lande, der schließlich das Land spaltete, Emden isolierte und erhebliche Auswirkungen auf die weitere Geschichte Ostfrieslands bis zur Machtübernahme durch die Preußen 1744 hatte.

Auch der typische Backsteinbau, mit dem das ostfriesische Landschaftsbild bis heute so verbunden wird, ist laut *Weßels* ein Resultat dieser Jahrhundertkatastrophe. Die massiv gemauerten Wände boten mehr Schutz und Sicherheit bei Überschwemmungen als die alten Holzständerkonstruktionen und Lehmbauten.

Und last but not least markiert die Weihnachtsflut von 1717 den Wendepunkt im Deichbau: Mit ihr begann erst der moderne und organisierte Küstenschutz an der Nordsee.[3]

[3] Eine Sonderpublikation der Ostfriesischen und Oldenburgischen Landschaften und Deichverbände, herausgegeben zum 300. Jahrestag der Katastrophe, liefert eine Fülle an Hintergrundinformationen, Statistiken sowie Karten zum Überschwemmungsgebiet: „Das Land der Friesen", 2017.

Der Tag, an dem Juist endgültig in zwei Teile zerbrach

Sie hatten alle gemeinsam den Heiligabend gefeiert auf Juist. Es ist 1717, man sitzt zusammen in der noch nicht ganz fertiggestellten Kirche von *Bill,* im Westen der Insel. Nach dem feierlichen Weihnachts-Gottesdienst machen sich die Einwohner aus dem Osten der Insel, vom Ortsteil *Loog,* auf den Heimweg. Sie sollten jedoch nie zu Hause ankommen. 28 Menschen kostete dieser Spaziergang das Leben, die einzigen Todesopfer auf den *Ostfriesischen Inseln* während der katastrophalen Weihnachtsflut.

Die Weihnachtsflut war nicht die erste Sturmflut, die Juist so grausam heimsuchte. Die Petriflut von 1651 hatte bereits großen Schaden angerichtet und die Insel auf Höhe des heutigen Hammersees förmlich in zwei Teile gerissen. Die Bevölkerung lebte 1717 in zwei Ortsteilen: in *Bill* im Westen und *Loog* im Osten der Insel.

Seit 1715 baute man für beide Ortsteile zwei neue Kirchen, die beide zu Weihnachten 1717 noch nicht fertig waren. Vielleicht war der Bau für die in *Bill* schon ein wenig weiter fortgeschritten und das der Grund, weshalb die 28 *Looger* diesen Heiligabend bei den Nachbarn im Westen feierten.

Auf dem Heimweg überraschte sie jedenfalls eine riesige, tödliche Welle. Sie befanden sich wohl in dem ungeschützten Bereich zwischen den beiden Inselteilen, als die Wassermassen auf sie einstürzten. Ihre Leichen wurden am nächsten Morgen zwischen den Dünen gefunden.

Das Tragische an der Geschichte: Ihr Heimatdorf *Loog* im Osten der Insel erlitt in dieser Nacht kaum einen Schaden. Wären sie Zuhause geblieben, wäre ihnen vermutlich nichts passiert.

In Bill sah die Lage nach den gewaltigen Fluten allerdings wesentlich dramatischer aus: Der Ortsteil im Westen war vollkommen zerstört, auch die Kirche, in der man eben noch zum Weihnachtsgottesdienst zusammengesessen hatte. Neun der 18 Häuser waren weggespült, an gleich vier Stellen hatte sich die Nordsee ihren Weg über die Insel gebahnt. Es war nichts mehr zu machen. Die Überlebenden zogen nach *Loog*. Das zerstörte Dorf wurde nicht wieder aufgebaut.

Juist blieb als Folge der Petri- und dann der Weihnachtsflut für lange Zeit zweigeteilt. Erst in den Dreißiger Jahren des 20. Jahrhunderts wurde die Insel durch Schutzdeiche an der Bruchstelle dauerhaft wiedervereint. Die Folgen der Weihnachtsflut von 1717 sind auf dem Eiland immer noch zu spüren. Mit Ausnahme der *Domäne Bill,* einem Ausflugslokal ganz am westlichen Ende der Insel, ist der Bereich westlich des ehemaligen Durchbruchs und heutigen Hammersees weiterhin nicht bewohnt. Heute ist Juist mit West- und Ostdorf der Hauptort der Insel. *Loog* ist jetzt der westliche, kleinere Ortsteil mit Küstenmuseum und letzter bewohnter Stützpunkt, bevor es zu Fuß, mit dem Rad oder der Pferdekutsche weiter zum Billriff geht.

Bis in unsere Zeit richten Sturmfluten immer wieder schwere Schäden auf Juist an, gefährden lange Dünenabbrüche die Sicherheit, wie im November 2006 als das Orkantief *Britta* über die Insel hinwegzog. Daraufhin wurden die Billriffdünen im Westen für 1,3 Millionen Euro verstärkt, auf einer Länge von einem Kilometer rund 200.000 m^3 Sand neu aufgeschüttet und anschließend bepflanzt. Im Dezember 2013 wütete der Orkan *Xaver* auf der Höhe des Hammersees und spülte auf einer Breite von 25 Metern die kostbaren Naturdünen weg.

Großer Gott, wir fürchten Dich!
Zwischen Predigt und PR

<●●●●●○○>

Noch heute steht das kleine Kirchlein auf seiner Warft: Die Pfarrkirche von Resterhafe ragte am Weihnachtsmorgen 1717 wie eine Insel aus dem reißenden Wasser der Nordsee, das durch die gebrochenen Deiche bis weit hinter Dornum strömte. Der Bericht des Pfarrers aus jenen verzweifelten Tagen gehört zu den eindrücklichsten Beschreibungen, die von der historischen Weihnachtsflut überliefert sind.

Johann Christian Hekelius, damals dreißig Jahre alt, schilderte in seiner Chronik, die *„Ausführliche und ordentliche Beschreibung derer beyden erschrecklichen und fast nie erhörten Wasserfluthen in Ostfriesland Und denen meisten an der Nordsee gelegenen Schönen Ländern...",* das ganze Ausmaß der Katastrophe. Das, was eben noch fruchtbares Marschenland war, war plötzlich ein dunkles, kaltes, wogendes Meer: *„... nicht das allergeringste konnt man gewahr werden, so man Land hätte nennen mögen, man möchte sich hinwenden, wo man wollte, so warens lauter Fluthen..."*

Hekelius war nicht nur Augenzeuge und Chronist dieses Unglücks, sondern auch unermüdlich in seinem sozialen Einsatz und in seinem Bemühen durch Spenden die allerdringendste Not der Menschen zu lindern. Er war der vorderste PR-Mann der großen Katastrophe des Nordens. Die Weihnachtsflut von 1717 gilt als die erste Sturmflut, die auch anderen Ortes viel Betroffenheit und Hilfsbereitschaft ausgelöst hat. Und das ist vor allen Dingen diesem jungen ostfriesischen Pastor zu verdanken.

Nachdem er seinen Augenzeugenbericht verfasst hatte, schlug er seinem Landesherrn, *Haro Joachim von Closter* von der Herrlichkeit Dornum und Landdrost zu Jever, vor, in der Fremde über die Flut und ihre Folgen zu predigen und Geld zu sammeln. Dieser war damit einverstanden und so verließ Pastor *Hekelius* am 7. September 1718 Resterhafe und das verwüstete Ostfriesland und begann überall in Deutschland, besonders aber in seiner Heimat bei Eisleben und Quedlinburg zu predigen. Seine Benefiztour - wie man sie heute wohl nennen würde - war überaus erfolgreich. Mit einem beträchtlichen Spendenaufkommen kehrte er wieder nach Hause zurück.

Sein Augenzeugenbericht wurde 1719 in Halle, wo er als junger Mann Theologie studiert hatte, gedruckt. 1719 ist in Nürnberg auch ein Kupferstich eines unbekannten Künstlers erschienen, der das ganze Ausmaß der Katastrophe bildgewaltig vor Augen führt.

Neben den Auftritten von *Hekelius,* seiner Chronik sowie dem Kupferstich des unbekannten Meisters war es aber auch eine Karte, die früh schon zu der großen öffentlichen Verbreitung und enormen Erschütterung über diese gewaltige Sturmflut beitrug: *Johann Baptist Homann* ist ihr Urheber. Er war damals ein bekannter Kupferstecher und Verleger aus Nürnberg, der sich schnell nach der Katastrophe ans Werk machte und bereits im Februar 1718 eine reich bebilderte Karte, inklusive eines Berichts von den furchtbaren Ereignissen im Norden, druckte und veröffentlichte.

Sie ist, was die geografischen Details angeht, in vielen Dingen ungenau, etwas bei Anzahl und Lage der Ostfriesischen Inseln oder dem Küstenprofil. Sie gibt aber dennoch einen sehr anschaulichen Eindruck vom ganzen Ausmaß der Überschwemmungen, die bis weit ins Landesinnere reichte, weiter sogar noch als tatsächlich überliefert. Ihr eigentlicher Zweck war nicht eine amtlich genaue Dokumentation zu geben, sondern die zeitnahe Information, ähnlich einer Nachricht heutiger Tage. Da hatte die Aktualität Vorrang, nicht Details.

Ebenso wichtig waren auch die Illustration der Karte und der erläuternde Text: Unter den wütenden Göttern, wie *Neptun,* der seinen Dreizack schwingend die See aufwühlt, oder Aeolus, der Gott der Winde, der es blitzen und stürmen lässt, halten zwei

Putten ein Spruchband zwischen ihren Händen. Der Text darauf stammt vom römischen Dichter *Ovid* und gilt als zentral für das Verständnis der Karte. Es heißt darin übersetzt: *„Schüttet ein Gott das Wasser über so viele dahin: allein, wer von ihnen verdient, darin auch zu ertrinken?“* Dieser Satz deutet darauf hin, dass sich für *Homann* hier nicht ein strafender Gott fürchterlich rächte, sondern schlicht die manchmal grausamen Naturgewalten wirkten. Ein tragisches Schicksal für die Betroffenen, ja, aber nicht die Folge von Sünde. Eine sehr moderne Interpretation.

Denn das war damals nicht die weit verbreitete Ansicht. Die Meisten sahen in der Weihnachtsflut ein Zeichen für das beginnende Strafgericht Gottes. Sämtliche Konfessionen in Deutschland nutzten die Weihnachtsflut, um die Menschen zu einem gottgefälligen Leben zu erziehen. Das wird auch Pastor *Hekelius* aus Resterhafe bei Dornum nicht anders gepredigt haben.

Ihn persönlich traf kurz nach seiner Heimkehr von der so erfolgreichen Benefizreise ein weiterer Schicksalsschlag. Nach der Neujahrsflut von 1720 starb seine Frau im Alter von nur 20 Jahren. 1723 verließ er Ostfriesland und kehrte zurück in seine überflutungssichere Heimat bei Eisleben.

Kein Deich. Kein Land. Kein Leben!

<●●●●●●○>

Er hat sie persönlich erlitten, die verheerende Sturmflut von Weihnachten 1717. Sie wurde zu einem Wendepunkt in seinem Leben. Sein ganzes weiteres Dasein widmete der junge Mann fortan dem Küstenschutz und Deichbau. Die Rede ist vom Landwirt Albert Brahms, den die Umstände und eine große Wissbegierde zum Deichrichter und weithin anerkannten Experten machten. Er gilt als Pionier des Deichbaus und des modernen Küstenschutzes.

Brahms ist 25 Jahre alt, als er wohnhaft im Amt Jever in der Weihnachtsnacht von der hereinbrechenden Flut überrascht wird und mit seiner Frau und einem soeben geborenen Kind drei Tage und Nächte vom Wasser eingeschlossen in klirrender Kälte auf dem Dachboden zubringt. Er und seine Familie überleben, doch sein Grund und Boden sind durch das Salzwasser verseucht und nicht mehr zu gebrauchen. Im März 1718 wird ihm die Verantwortung für die Notdeicharbeiten in seinem Sprengel übertragen.

Und er macht seine Sache gut: Eine weitere schwere Sturmflut im Dezember 1718 richtet keinen bedeutenden Schaden an. Das ist sein Gesellenstück und qualifiziert ihn für höhere Aufgaben. Von 1718 bis 1752, 34 Jahre lang, ist er Deich- und Sielrichter im Kirchspiel Sande. In dieser Zeit unternimmt er einige Studienreisen, auch nach Holland, um dort neueste Entwicklungen zum Bau von Deichen, Schleusen und Sielwerken zu beobachten.

Berühmt wird er durch seine Buchreihe *Anfangs-Gründe der Deich- und Wasserbaukunst,* in dem er das Berufsbild des Deichbaumeisters beschreibt und Techniken der Baumeisterkunst erläutert. Die Bücher, deren erster Band 1754 erschien, gelten als die ersten Fachbücher des modernen Küsteningenieurwesens. Der zweite Teil wird noch 1757 veröffentlicht, den dritten Teil konnte *Brahms* vor seinem Tod am 3. August 1758 nicht mehr vollenden.

Brahms beschäftigt sich auch sehr mit dem idealen Profil eines Deiches und kommt zu dem Schluss, dass er zur Seeseite nicht steil, sondern unten sehr breit und nach oben hin immer flacher werdend am besten den starken Wellen einer Sturmflut Widerstand leisten kann. Das war für die damalige Zeit, die auf gerade Holzwände oder steile Deichwälle zur Seeseite als Küstenschutz setzte, ein ganz neuer Ansatz. Der aber im Prinzip bis heute gilt. Berühmt ist auch sein Wahlspruch:

„Kein Deich. Kein Land. Kein Leben!"

Denn erst mit dem Bau einer geschlossenen Deichlinie entlang der Küste wurde der Norden Deutschlands, das Land der Friesen, überhaupt großflächig besiedelbar. Ab 1000 n. Chr. begann man mit dem Bau von Deichen, die zunächst ringförmig angelegt waren, um die Ackerflächen vor Überflutungen und Versalzung zu schützen.

Seit dem 12. Jahrhundert wurden die einzelnen Ringdeiche nach und nach miteinander verbunden bis zum Ende des 13. Jahrhunderts eine geschlossene Deichlinie entlang der Nordseeküste entstand: der Goldene Ring. Dieser umschloss das komplette Friesland von der heutigen niederländischen Provinz über Ostfriesland, Butjadingen und Dithmarschen bis nach Nordfriesland.

Bis heute ist die Investition unserer Vorfahren in den Küstenschutz Gold wert: Hätten wir die *Große Mauer* im Norden nicht, würden weite Landesteile Deutschlands von der Nordsee regelmäßig überschwemmt, würden die flachen Marschgegenden wieder zu Meeresgrund. *„Gott schuf das Meer und die Friesen die Küste"*, diese alte Weisheit gilt immer noch.

Katastrophe vor Spiekeroog: Keine Rettung für die „Johanne"

Im Eingangsbereich des Inselmuseums von Spiekeroog hängt sie das ganze Jahr, als Blickfang und gut sichtbar für jeden Besucher, den es in das ehemalige Kapitänshaus im idyllischen Inselkern zieht: die sturmerprobte Schiffsglocke der *Johanne.* Sie ist die letzte Zeugin eines der tragischsten Schiffsunglücke, das im 19. Jahrhundert die Nordseeküste ereilte.

Es passierte Anfang November 1854: Ein Auswandererschiff auf dem Weg von Bremerhaven nach Baltimore in den USA geriet noch vor Helgoland in einen schweren Sturm und vom Kurs abgetrieben in die gefährliche Brandungszone der *Ostfriesischen Inseln.* Heftige Böen trieben die *Johanne,* einen gewaltigen Dreimast-Segler mit 216 Menschen an Bord, am frühen Montagmorgen, es war der 6. November, schließlich auf den festen Strand der Insel Spiekeroog zu.

Einmal auf Grund gelaufen, gab es keine Rettung mehr. Denn es war drei Stunden vor Hochwasser, die Insulaner konnten nicht mehr helfen und die Menschen das Schiff nicht mehr verlassen. Die Gestrandeten mussten noch über sechs Stunden auf den engen Decks aushalten, dem peitschenden Sturm und dem furchtbaren Aufprall der Brandungswellen ausgesetzt. Und diese taten ihr gnadenloses Werk.

Sie schleuderten das Schiff hin und her wie einen Spielball, rissen es mit einem heftigen Brecher auf die Seite und mit ihnen hilflose Passagiere über Bord, während andere in der Oberdeckkajüte vom herabfallenden Großmast erschlagen wurden. Balken, Rahen, Tonnen und Kisten - alles wirbelte herum. Die Unglücklichen wurden über Stunden mit Wucht gegen die Reling geworfen, eingekeilt und manche von ihnen gar bei lebendigem Leib zerdrückt.

Die Einwohner der Insel mussten vom Strand aus hilflos zuschauen, wie der „Blanke Hans“ wütete und vor ihren Augen alles verschlang: *„Was tun für die vielen auf dem Schiff, deren Jammergeschrei trotz heulenden Sturmes, trotz des donnernden Getöses der gepeitschten Wogen doch uns ins Ohr und Herz drang! … Wir waren so nah den in Not Schwebenden und blieben ihnen doch so fern und taten nichts für sie – konnten nichts tun. … Wir konnten nicht retten. Das Rauschen der Wellen war ein Todesrauschen und erfüllt mit Todesgrauen.“*

So beschrieb der Inselpastor *Johann Doden* in Kirchenbuch die Qual aller auf Spiekeroog, die sich am Strand versammelt hatten und zum tatenlosen Zusehen verdammt waren, denn Rettungsstationen und Boote gab es damals noch nicht. Als man Stunden später die Schiffsbrüchigen bergen konnte, zeigte sich das ganze Ausmaß der Katastrophe. Überall an Deck lagen Verwundete und Schwerverletzte. Eltern vermissten ihre Kinder und Kinder ihre Eltern. Familien waren auseinandergerissen, Ehepaare getrennt, Männer suchten vergeblich ihre Bräute. Das Unglück kostete 77 Menschen das Leben, darunter waren ausgesprochen viele Frauen, Kinder und Säuglinge. Ihre Namen finden sich heute säuberlich gelistet *im Todes- und Begräbnisbuch der Insel Spiekeroog* von 1854/1855.

Wenn sie auch das dramatische Geschehen vor ihrer Insel nicht verhindern konnten, so leisteten die Bewohner von Spiekeroog geradezu Gewaltiges bei der Erstversorgung der Überlebenden und Verletzten. 135 Insulaner, so wenige lebten damals auf dem kleinen Eiland, nahmen die gut 150 Gestrandeten auf. Sie gaben ihnen trockene Kleider, ein Dach über den Kopf, etwas zu essen gegen den aufkommenden Hunger und spendeten Trost. Es mussten Sonderfahrten zum Festland eingelegt werden, um Nahrungsmittel zu besorgen, da die Wintervorräte für solche Menschenmassen nicht ausreichten.

Unter Anleitung eines Arztes aus Carolinensiel, der schnellstens mit einem Sonderschiff herbeieilte, wurden die vielen Verwundeten des Unglücks versorgt. Jeden Tag trieben Tote an den Strand. Sie wurden geborgen und zunächst zur alten Inselkirche gebracht, bevor 40 auf dem für sie neu angelegten *Drinkeldodenkarkhof* - dem Friedhof der Ertrunkenen – begraben wurden, der noch heute zu besichtigen ist.

Die Katastrophe des Auswandererschiffs war einer der Auslöser für die Gründung der ersten Seenotrettungsdienste, aus denen sich dann 1865 die *Deutsche Gesellschaft zur Rettung Schiffbrüchiger (DGzRS)* mit Sitz in Bremen formierte. Spiekeroog erhielt bereits 1862 eine Seenotrettungsstation, eine der allerersten in Deutschland.[4]

Und was passierte mit der *Johanne,* den Passagieren und der Schiffsglocke? Das Wrack sackte immer weiter in den Mahlsand vor Spiekeroog. Von dem einst prächtigen Schiff, das vor nicht einmal drei Wochen am 21. Oktober 1854 nagelneu, bestens ausgerüstet und absolut seefest vom Stapel lief, war nicht mehr als der Rumpf übriggeblieben. Der ist laut Überlieferung dann auch bald auseinandergebrochen. Angetriebenes Holz vom Schiff wurde von den Insulanern geborgen und als Bau- oder Brennmaterial eingesetzt. Schon nach kurzer Zeit war am Strand nichts mehr zu sehen von dem stolzen Dreimaster.

Die meisten Auswanderer auf der *Johanne* stammten aus recht einfachen Verhältnissen. Sie kamen aus der Mitte und dem Süden Deutschlands, aus Württemberg, Niederbayern und Südhessen, auch aus der Rhön, dem Erz- und dem Fichtelgebirge, wohin sie

[4] Am 2. März 1861 gründete Georg Breusing, ein Oberzollinspektor aus Emden, den „Verein zur Rettung Schiffbrüchiger". Er begann mit seinem Verein auf den Ostfriesisischen Inseln und an der Küste erstmals mit der systematischen Errichtung von Rettungsstationen in Deutschland. Andere Küstenbereiche Norddeutschlands folgten dem Beispiel Ostfrieslands und gründeten Vereine, aus denen dann am 29. Mai 1865 die „Deutsche Gesellschaft zur Rettung Schiffbrüchiger (DGzRS)" mit Sitz in Bremen hervorging.

nach dem Schiffsunglück, mittellos und getroffen von ihrem harten Schicksal, zurückkehrten. Einige, vor allen Dingen die Jungen, waren mutig genug und wagten später nochmals die Schiffsreise über den Atlantik.

Die Schiffsleitung, darunter auch der Kapitän, *Johann Diedrich Oldejans* aus Bremen, wurde zehn Tage nach dem Unglück vom Königlich Hannoverschem Amtsgericht in Esens vernommen. Im Protokoll versichert er *„daß wir alles getan haben, was in unseren Kräften stand, um Schiff und Passagiere zu retten, und daß wir gegen jede Verantwortlichkeit, welche durch das dem Schiff und der Ladung widerfahrene Unglück uns zur Last gelegt werden könnte, hiermit feierlich Protest einlegen."* *Oldejans* soll es Gerüchten zu Folge später auf eine einsame Insel im Indischen Ozean verschlagen haben.

Vom Verbleib der Schiffsausrüstung, die im Frühjahr 1855 zum Verkauf angeboten wurde, weiß man auch nicht viel. Mit Ausnahme eines Verkaufsobjekts: *1 metallene Schiffsglocke für 45 Pfund.* Die Schiffsglocke der Johanne ist das Einzige, was übrigblieb und bis heute an das dramatische Unglück erinnert. Viele Jahrzehnte hing sie am Schulgebäude von Damsum und später als Alarmglocke an einem Feuerwehrhaus in Westerbur, beides Dörfer westlich von Esens, bis sie 1979 zum 125. Jahrestag der Tragödie schließlich wieder nach Spiekeroog zurückkehrte. Da hängt sie nun schwer von der Decke des Inselmuseums und erzählt ihre traurige Geschichte.

2. Land am Meer: Wale, Watt und weite Welt

Dieses Kapitel erzählt von Walfängern, die früher im fernen Nordatlantik den Grönlandwal jagten bis er fast ausgerottet war, und von mutigen Seefahrern und Kapitänen. Die Zeitreise führt auch zu einer Epoche, als es in illustren Kreisen in Mode war, sich die Zeit mit der Seehundjagd zu vertreiben. Es geht um den Bernstein, die „Tränen der Nordsee“. Es handelt vom trügerischen Wattenmeer, das manchmal so unbarmherzig und gnadenlos Schicksal spielt; auch von der Postkutsche, die mit festem Fahrplan einst durch das Watt nach Norderney preschte; und es geht um „Das Rätsel der Sandbank,“ dem historischen Spionagethriller von Weltruf mit dem ostfriesischen Wattenmeer als Schauplatz.

Tödlicher Walfang im kalten Eismeer

<●ooooooo>

„Fall Fall! Öwerall!“ Das war der Zauberruf der Grönlandfahrer, ihr Fang- und Warnruf gleichzeitig: „Er schlug kräftiger ins Blut als Donnerschlag und Feuerhorn.“ Wo auch immer sich die Besatzungsmitglieder während des Ausrufes auf dem Walfangschiff befanden – beim Essen, beim Gottesdienst oder in der Koje – stürzten sie sich sofort in die Schaluppen, die Fangboote.

Von *Alfred Schmidt*

Häufig noch in Unterwäsche, Jacke und Hose in der Hand, saßen die Walfänger schon am Ruder und konnten sich erst zwischen den Ruderschlägen vernünftig anziehen. Damals gab es auch noch keine Outdoor-Bekleidung. Aus festen Leinenhosen und Leinenjacken, der Stoff fast so dick wie die Segel der Schiffe, bestand die robuste Kleidung der Walfänger, die in einer sehr kalten Region ihre Arbeitsstätte hatten.

Bei der Bootsbesatzung in den Schaluppen entbrannte nun ein leidenschaftliches Jagdfieber und auch auf dem „Mutterschiff“, überwiegend Segelschiffe vom Typ *Fleuten* oder „Fleutschiffe“, herrschte größte Anspannung. Auf dem höchsten Mast im „Krähennest“, der Ausgucktonne, saß der Kommandeur des Fangschiffes mit seinem Gucker und der „Flüstertüte“, einem Sprachrohr, und versuchte von dort aus den aufregenden Kampf mit dem Wal zu lenken. Alle anderen, die an Bord geblieben waren, kletterten in die Wanten und beobachteten das Spektakel mit dem tobenden Wal und das Mühen der Menschen in der Schaluppe, den Wal zu harpunieren. Angeblich soll selbst altgedienten Grönlandfahrern beim Anblick dieser gefährlichen spektakulären Tätigkeit noch die Luft weggeblieben sein:

Der Harpunier steht aufrecht vorne im Boot mit der Harpune in der Hand und gibt den Ruderern und dem Steuermann mit knappen Anweisungen die von ihm gewünschte Position, möglichst nahe am Wal, zu verstehen. Sobald seine Position günstig erscheint, wirft er die Harpune tunlichst dicht hinter dem Blasloch, der Nase des Wals. Da die anderen im Nordmeer vorkommenden Wale wie etwa Finnwale, schneller schwimmen und tauchen als der Grönlandwal, gilt der Fang ausschließlich den Grönlandwalen. Getroffen von der Harpune taucht der Wal in die Tiefe und schwimmt vor Schmerzen mit hoher Geschwindigkeit davon. Gleichzeitig rollt die an der Harpune befestigte Leine mit solcher Geschwindigkeit über den Steven – die Holzkante am Bug des Bootes –, dass er durch die Reibung heiß wird und mit Wasser gekühlt werden muss, um nicht in Brand zu geraten.

Nach und nach werden nun die sechs oder sieben Walleinen von je 120 Faden Länge, das sind zirka 220 Meter pro Leine, aneinander gespleißt. Unterdessen eilen weitere Schaluppen zur Unterstützung herbei. Irgendwann muss der Wal wieder an die Wasseroberfläche, um Luft zu schöpfen und schießt dabei mit seiner gesamten Körperlänge aus dem Wasser. In den Fangbooten hoffen die Mannschaften inbrünstig, beim Aufschlagen auf dem Wasser nicht vom Wal zertrümmert zu werden. Schmerzerfüllt fängt der Wal jetzt an zu wüten und in seiner näheren Umgebung schäumt das Meer. Die Fluke, die Schwanzflosse, schlägt mit einer großen Wucht auf die Wasseroberfläche, dass der Knall noch in mehreren hundert Metern zu hören ist.

Inzwischen haben auch die Mannschaften der anderen Schaluppen sich an den Wal festgeschossen und werden nun von dem verwundeten Tier „schneller als ein Schiff segelt" hinterher gezogen. Bei jedem Auftauchen gibt der Wal laute schnaubende Geräusche aus den Blaslöchern von sich. Dieses Auf- und Abtauchen wiederholt sich so lange, bis der Wal erschöpft ist und entkräftet an der Wasseroberfläche schwimmt.

Diesen Zustand nehmen die Harpuniere zum Anlass, die Lanzen, welche die eigentlichen Mordinstrumente sind, in den Wal hinein zu stoßen. Immer wieder rammen sie die Lanzen in den Wal und versuchen dabei, möglichst dicht an die inneren Organe wie Herz und Lunge heranzukommen. Wenn sie dem Wal nicht rechtzeitig ausweichen, strömt das heiße Blut in die Schaluppen und ergießt sich über die Besatzung.

Es beginnt der Todeskampf. Der Wal rafft seine letzten Kräfte zusammen und sein Blut spritzt meterhoch aus dem Blasloch, aus dem sonst eigentlich kondensierte Atemluft herauskommt. Das Wasser um den Wal ist rot verfärbt und seine letzten Atemzüge sind gezählt.

Nach seinem Tod dreht sich der Wal auf den Rücken und die Unterseite befindet sich nun an der Wasseroberfläche. Er wird an das „Mutterschiff" herangezogen und geflenst. Mit speziell angefertigten „Spikes", die unter den Schuhen gegurtet werden, balancieren die Speckschneider auf dem im Wasser liegenden Wal und trennen mit großen Flensmessern den Speck vom Walkörper.

In den ersten Jahren des Walfangs wurde der gefangene Wal an die Landstationen vor Spitzbergen geschleppt und dort geflenst und der Speck direkt zu Tran gebrannt. In den späteren Jahren wurde der Speck auf dem Schiff in Fässern abgefüllt und in den Heimathäfen in den Tranbrennereien zu Öl verarbeitet.

Als in Emden zum ersten Mal eine Tranbrennerei auf einem Mühlenzwinger den Betrieb aufnahm, beschwerten sich viele Anwohner wegen des Gestankes, der sich auch in der frisch gewaschenen Wäsche, die auf den Bleichen zum Trocknen lag, absetzte.

Bereits im Jahre 1612 lassen sich Besatzungsmitglieder aus Emden nachweisen, die auf niederländischen Schiffen zum Walfischfang hinausfuhren. Im Gemeindearchiv von Amsterdam gibt es einen Eintrag vom 9. Oktober 1612 in dem unter anderem berichtet wird, dass der 22 Jahre alte Hendrick Janss van Embden auf dem Schiff von Jan Corneliss Menseter angeheuert habe.

In Ostfriesland waren es die Emder, die 1643 noch vor allen anderen deutschen Städten, zum ersten Mal auf Walfang fuhren. Sie gingen in den Jahren von 1643 bis 1801, also in einem Zeitraum von 158 Jahren, auf Jagd nach dem großen Meeressäuger. Allein im Jahre 1797 wurden 32 Seepässe für Walfangschiffe ausgestellt, die in Emden beheimatet waren. Die Emder waren allerdings nicht permanent auf dem Eismeer anzutreffen – es gibt größere Pausen in denen man vom Emder Walfang nichts hört. Im Zeitraum von 1674 bis 1696 finden sich keine entsprechenden Dokumente.

Man hört von Emden, dass die Hafenstadt auch noch 1803 wegen der Blockierung der Weser sowie 1849 wegen der dänischen Blockade von Walfangschiffen angelaufen wurde. England reagierte am 11. Juni 1806 auf die Maßnahme der Preußen, nämlich alle Häfen für englische Schiffe und Waren zu schließen, mit einer Kriegserklärung und der Beschlagnahme aller inzwischen ausgelaufenen Schiffe, zu denen neben der Handelsflotte auch die Walfangschiffe zählten. 1852 wurde in Emden die wahrscheinlich letzte Grönlandkompagnie gegründet. Die Schiffe dieser Gesellschaft kamen 1853 mit 1400 Robben und einem Eisbären und 1854 mit 99 Robben zurück in den Heimathafen.

Auf der Insel Borkum gab es ebenfalls Walfänger, die jedoch keine eigenen Schiffe besaßen, sondern mit niederländischen Schiffen auf Walfang fuhren. Es heißt, dass auf der Fahrt von Borkum nach Amsterdam mehr Borkumer Walfänger ums Leben kamen, als bei der eigentlichen Jagd. Eine Besonderheit sind die „Mitbringsel" der Kapitäne: große Kieferknochen der Wale, die mehrfach in der Länge zersägt, noch heute als Hauszäune auf Borkum zu bewundern sind.

Auch die Stadt Leer versuchte Walfangunternehmen einzurichten. Ende des 18. Jahrhunderts scheiterten vermutlich anhand der fortgeschrittenen Jahreszeit (die Walfänger liefen erst im Frühjahr in die Fanggebiete aus) die Bemühungen der Leeraner, selbst an dem Walfanggeschäft teilzunehmen.

Der Walfang brachte nicht den gewünschten Reichtum, den man damals erhofft hatte, sondern auch sehr viel Elend und Not mit sich, besonders durch die vielen Menschen, die im Eismeer ihren Tod fanden. Allein im Unglücksjahr 1777 gingen über 200 Schiffe verschiedener Nationen im Packeis verloren. Der Walfang brachte aber auch vielen Walfängern Ruhm und Ehre: Ihre Namen werden noch heute in den Geschichtsbüchern für ewig festgehalten.

Die Jagd auf Wale war ein hartes Geschäft, und viele Menschen ließen dabei ihr Leben. Häufig kam es vor, dass die Fangschiffe dem Wal in die Öffnungen von Eisfeldern hinterher segelten und dabei passierte es nicht selten, dass sich durch Wind und Strömung die Öffnungen der Eisfelder wieder schlossen. Wurde dann nicht schnell genug gehandelt, um sich etwa mit großen Sägen aus dem Eis zu befreien, gerieten die Schiffe in die sogenannte Eispressung und wurden regelrecht vom Eis zerdrückt. Mit viel Glück wurden die Besatzungen dann von anderen Schiffen aufgenommen. Auch Krankheiten wie Skorbut durch Vitaminmangel setzten den Walfängern häufig zu.

Ein anderes Übel war das Kapern von Walfangschiffen durch andere Nationen. Das war für voll beladene Schiffe ein sehr großer Verlust. In Kriegszeiten wurden die Walfangschiffe deswegen von Konvoischiffen, die mit Kanonen bestückt waren, begleitet.

Vermutlich wegen der starken Dezimierung der Wale durch die intensive Bejagung vor Spitzbergen und dem Fanggebiet weiter nördlich bis hin zur russischen Grenze, wurde der Walfang wegen zu schlechter Ausbeute teilweise eingestellt. Der Fangbetrieb musste immer weiter ins offene Meer verlagert werden. Wenn man bedenkt, dass allein in der Saison des Jahres 1697 durch 182 Schiffe verschiedener Nationen insgesamt 1888 Wale erlegt wurden, ist es leicht nachvollziehbar, dass diese Beutezüge den Bestand der Tiere auf Dauer dahinrafften. In der Gegend um Spitzbergen galt der Grönlandwal bereits im frühen 18. Jahrhundert als ausgerottet. Bis heute ist er eine potenziell stark gefährdete Art.

Alfred Schmidt *ist in Ostfriesland und weit über Ostfriesland hinaus einer der renommiertesten Experten zum historischen Walfang. Er ist Herausgeber der* FLUKE, *eines Fachmagazins zu Walen und Walfang. Der Emder besitzt eine der größten Privatsammlungen rund um das Thema Wale. Neben einer umfangreichen Bibliothek mit Fachliteratur und Büchern über Wale sind es vor allen Dingen die vielen und seltenen Bilder, die sie so einzigartig machen: von historischen Stichen und Abbildungen auf alten Ansichtskarten über Sammelbilder bis hin zu gedruckten Darstellungen von der Jagd in fernen Gefilden, die Ostfriesen über Jahrhunderte die Existenz sicherte.*

Fernweh:
Durch die Welt zu fliegen, über Land und Meer

<●●○○○○○○>

Die See war von jeher die Heimat der Ostfriesen. Von ihrem schmalen Küstenstreifen oberhalb der unzugänglichen Moore zogen sie über viele Jahrhunderte hinaus aufs Meer. Der Fischreichtum der Nordsee war zu verlockend, als dass man ihn einfach hätte ignorieren können. Aber nicht nur die Aussicht auf Nahrung reizte: Schon immer hat sie die Ferne gelockt.

Sie sind zum Jagen hinaus auf die See gezogen, aber noch viel häufiger für den Handel. Es gab eine Zeit, da haben nur die Friesen die Schifffahrt und den Handel in den nordeuropäischen Gewässern aufrechterhalten, etwa nach dem Zusammenbruch des Römischen Weltreiches. Zwischen 500 bis 900 n. Chr. waren es nicht etwa die Franken und das Karolingerreich, die Außenhandel betrieben, sondern die Friesen, die über das Meer Kontakt zu anderen Gegenden herstellten. Voraussetzung für diesen Fernhandel war Geld. Doch genau das gab es im gesamten westlichen und nördlichen Europa zu dieser Zeit nicht. So prägten die Friesen im 7. und 8. Jahrhundert ihr eigenes Geld, die *Sceattas,* und schufen damit die entscheidende Voraussetzung für ihre Stellung als frühmittelalterliche Handelsmacht. Erst *Karl der Große* führte dann wieder ein eigenes Geldsystem für das Gebiet ein.

Im 8. und 9. Jahrhundert besaßen die Friesen ein großes Netz an Fernhandelsverbindungen, das von York in England bis Rom im Süden, von Paris bis Haithabu in Schleswig und Birka bei Stockholm reichte. Sie errichteten zahlreiche Kolonien und gründeten Handelsniederlassungen.

Auch in den *17 Küren,* das sind die im 11. Jahrhundert geschlossenen Rechtssatzungen, die auch die *Friesische Freiheit* festhalten, ist die Rede von „der Wichtigkeit, die der Freiheit des Händlers und der Freiheit der Handelsstraßen zugemessen wird."[5]

Neben dem friedlichen Handel gingen sie auch zu Raubzügen auf das Meer. So ist bekannt, dass 1097 friesische Seeräuberschiffe vor der Küste Palästinas erschienen sind. Neben dem Handel und der Piraterie führten aber vor allen Dingen die Kreuzzüge Ostfriesen weit übers Meer in den Süden, in den Orient. Es ist überliefert, dass die Friesen bei diesen christlichen Missionen nebenher reichlich Handel betrieben oder auch räuberisch unterwegs waren, etwa in Spanien bei den Mauren.

Vor allen Dingen brachten sie von der Teilnahme an den Kreuzzügen auch viele neue kulturelle Eindrücke mit, wie etwa den Schmuckreichtum, den sie in Byzanz oder anderswo im Orient vorfanden. Sie ahmten diesen Prunk später in ihrer ostfriesischen Heimat nach. Sie konnten es sich auch leisten, als reiche und freie Herrscher ihrer Stammesgebiete. Der Goldschmuck der Ostfriesinnen ist legendär (siehe auch „Einfach königlich" auf Seite 166).

Die einen brachten Gold mit von ihren Reisen in die Ferne, die anderen kamen mit einem Löffel aus Silber zurück. Denn das war einige Jahrhunderte später, um 1850 herum, das Mitbringsel der Kapitäne, wenn sie von einer Ostsee-Handelsreise zurückkehrten: So ein silberner Prämienlöffel war kostbar und ein Zeichen von Wohlstand. Er galt als Wertanlage und wurde zu Hause stolz zur Schau gestellt. Auf ihm war neben dem Ort der Reise auch der Name des Kapitäns eingraviert und war somit ein sehr persönliches Präsent. Diese Besonderheit war nur in den hochgestellten Kapitänshäusern anzutreffen, wie etwa im ostfriesischen Carolinensiel.

Der heute beschauliche Ort war noch Mitte des 19. Jahrhunderts der größte Sielhafen an der Nordseeküste zwischen Emden

---

[5] Nachzulesen bei Johannes C. Stracke in „Der Reichtum Frieslands und seine Quellen". Das Kapitel findet sich in dem sehr lesenswerten Klassiker von 1967 über „Tracht und Schmuck Altfrieslands" (ausleihbar in der Bibliothek der Ostfriesischen Landschaft).

im Westen und Bremerhaven im Osten. Denn Wilhelmshaven gab es damals noch nicht.

Hier war das Tor zur Welt. Von hier stachen die Seefahrer mit ihrer Ladung auf hohe See, nachdem sie ein Stück der Harle und die Friedrichsschleuse passiert hatten. Vor ihnen lagen die Ostfriesischen Inseln und dahinter der Horizont und die verheißungsvolle Ferne. Um den Hafen herum gruppierten sich die Häuser der Kapitäne, die zusammen mit den Kaufleuten und den Werftbesitzern die Oberschicht des Ortes bildeten. Sie hatten es mit dem Aufblühen der Handelsschifffahrt zu einigem Wohlstand gebracht. Eine vornehme Gesellschaft.

Man hatte die Welt gesehen und unterschied sich damit erheblich von der übrigen Landbevölkerung und den Bauern, denen die Seeleute im Hafen immer etwas suspekt waren. „Windiger Siel" tauften sie den Ort doppeldeutig.

Das Jahr über lagen die Segelschiffe nicht im Hafen. Sie kreuzten an den Küsten Europas oder über die Weltmeere und kamen erst im Spätherbst in ihr Winterquartier zurück - mit vielen Souvenirs und abenteuerlichen Geschichten von hoher See. Die Frauen blieben meist das Jahr über allein zu Hause. Doch manchmal fuhren sie mit ihren Männern mit, wie die Kapitänsfrau *Antke Engel,* die viele europäische Hafenstädte und das Mittelmeer zu sehen bekam. Ihr Mann fuhr auch nach Skandinavien und Südamerika. 1882 erlitt sein Schoner vor der brasilianischen Küste Schiffbruch. Frühe Globetrotter - die Männer und Frauen von Carolinensiel.[6]

[6] Die Kapitänstochter Marie Ulfers hat dieses Leben festgehalten in ihrem Roman „Windiger Siel", 4. Aufl., 2014, Deutsches Sielhafenmuseum e.V.

Den Seehund im Visier: „Die seltsamste Jagd in Europa"

<●●●○○○○>

Täuschend echt sah er aus, so ein Seehundskopf aus Holz. Wenn er auf dem Wasser schwamm, war er kaum noch zu unterscheiden von den lebenden Robben. Und schon war auch eine gefangen im Netz, das durch viele solcher geschnitzten Köpfe über Wasser gehalten wurde. Eine tödliche Falle für die neugierigen, aber auch scheuen Seehunde, die so ohne Argwohn angelockt wurden. Denn einmal im Maschenwerk verheddert, war kein Entkommen vor den Seehundjägern, die die Netze an Land zogen und ihre Beute dann mit einem Knüppel zu Tode schlugen.

Rauhe Sitten herrschten damals als der Seehundfang entlang der Nordseeküste noch ohne Rücksicht auf Bestand und Tiere praktiziert wurde. Das Fangen der Seehunde mit dem Netz und vor allen Dingen das anschließende Abschlachten ist dabei eine besonders brachiale Jagdmethode, die auf den *Ostfriesischen Inseln* wohl nicht praktiziert wurde, sondern eine Spezialität von niederländischen Seehundjägern auf der Insel Schiermonnikoog war.

Der ostfriesische Seehundjäger hatte andere Praktiken, die allerdings auch auf gezielter Täuschung der Opfer beruhten: Er versuchte durch Tarnkleidung und Imitation der Bewegung sich an die scheuen Tiere auf ihren Sandbänken heranzurobben, um sie möglichst nah vor die Flinte zu kriegen und durch einen gezielten Schuss zu töten. Manch Jäger trug dabei graue Kleidung und auch eine graue Kopfbedeckung, die er sich über das Gesicht zog, so dass nur noch seine Augen zu sehen waren. Andere zogen sich gleich ein echtes Seehundfell über die Schulter.

Auch das schwierige Vorwärtsbewegen auf Sand, das so genannte *Huxen,* wollte gelernt sein: das Übereinanderlegen und

Anziehen der Beine, die Vorwärtsbewegung auf auswärts gestellten Händen.

Viele Jahrhunderte lang wurde der Seehund entlang der Nordseeküste vorwiegend zum Eigenbedarf als Nahrung für den heimischen Herd gejagt. Obwohl als Meeressäuger kein Fisch, wurde sein traniges Fleisch im 17. Jahrhundert häufig auf Fischmärkten angeboten, wie bunte Marktbilder des flämischen Malers *Frank Snyders* belegen. Seehunde wurden auch zum Begleichen von Steuerschulden in Naturalien eingesetzt, wie einem der ersten schriftlichen Dokumente über die Seehundjagd in Ostfriesland, einer amtlichen Erinnerung der Fürstin *Christine Charlotte* von 1665 an die Borkumer Steuerpflichten, zu entnehmen ist.

Zum Vergnügen und Sport wurde die Seehundjagd erst mit dem Aufkommen des Tourismus an der norddeutschen Küste. Welche aus unserer heutigen Sicht absonderliche Blüten dieses trieb und welcher Zeitgeist hinter dieser damals sehr geschätzten und geachteten Freizeitgestaltung stand, das zeigt die *Sammlung Alfred Schmidt* aus Emden. Sie umfasst Hunderte von historischen Ansichtskarten, Holz- und Kupferstiche, Sammelbilder und Geldscheine, Briefmarken, Poststempel und unzählige andere Dokumente – wohl fast alles, was es im Zusammenhang mit Seehunden und der Seehundjagd an den deutschen Küsten und auch an anderen Meeren an Darstellungen in Text und Fotografie noch gibt.

Schon als junger Mann packte *Alfred Schmidt* die Leidenschaft und er sammelte, was er finden konnte – auf Versteigerungen, Nachlässen und in Antiquariaten wurde auch er zum „Seehundjäger“. In mehr als fünfzig Jahren ist mittlerweile eine einzigartige kulturhistorische Sammlung zu Seehunden und deren Jagd und Dressur entstanden, die bisher nur privat zugänglich ist.

Insbesondere auf den *Ostfriesischen Inseln* entfaltete sich das Geschäft mit den Touristen und der Seehundjagd prächtig. Kein Panorama von der Nordsee auf der nicht die Robben auf ihren Sandbänken abgebildet waren. Das Nordseebad Borkum zelebriert auf Postkarten die Heimkehr von der Seehundjagd. Selbst Frauen und Kinder in weißen Rüschenkleidern präsentieren sich

1910 stolz hinter dem Karren mit der Seehundbeute: *„Die Damen betasteten die glatten, dicken Thiere scheu mit spitzen Fingern"*, heißt es in einer zeitgenössischen Borkumer Badezeitung.

Denn der Seehundfang war etwas für echte Kerle. Zudem galt die Seehundpirsch in Jägerkreisen als eine besonders exotische Form, sein sportliches Hobby zu betreiben. So findet sich in einem alten Bericht folgende typische Passage: *„Als eifriger Jagdliebhaber wünschte auch ich nichts sehnlicher, als eines der fremdartigen Seeungeheuer zu erledigen, um das Fell als Trophäe mit heimzubringen und dann meine Großthaten den staunenden Jagdfreunden im heimatlichen Gebirge haarklein zu berichten, die ja zumeist nur ein Stückchen Seehundsfell auf die Schulränzchen ihrer Kinder gesehen hatten."* Andere Zeitzeugen sprechen von *„vielleicht die schönste – sicher aber die seltsamste Jagd in Europa"*.

Die Begeisterung der meist vermögenden Kundschaft traf auf Inseljäger und Bootsfahrer, die mit den so jagdbesessenen Touristen ins Geschäft zu kommen gedachten. Insbesondere Norderney und Juist, die sich schon früh mit ihren Seebädern dem Tourismus öffneten und auch auf den umliegenden Sandbänken über einen großen Seehundbestand verfügten, bemühten sich aktiv um Kundschaft für diesen neuen Erwerbszweig. Auf Juist war beispielsweise auf dem Weg zum Strand eine große Werbetafel angebracht, die zur Seehundsjagd einlud.

Auf der Nordseeinsel Juist waren auch die *Altmanns* zu Hause, eine Seehundjägerfamilie, die seit Generationen schon auf Jagd nach den Robben ging und nun zu angesehenen Jagdführern für den Hochadel wurde. So soll sich *Kaiser Wilhelm II.* in Berlin bei einem Gespräch mit dem ostfriesischen Abgeordneten *Fürst von Knyphausen* persönlich sogar nach dem Seehundjäger *Georg Altmann* erkundigt haben.

Auch auf Borkum genoss ein Seehundjäger weit über Ostfriesland hinaus einen legendären Ruf: *Hermann Akkermann*. Er wurde sogar in einem Buch über die *Hohe Jagd an der Nordsee* gewürdigt. Es entstand auch eine Serie von Ansichtskarten mit ihm.

Das Jagen auf Säugetiere als sportliches Freizeitvergnügen war nur deshalb möglich, weil die Seehundjagd viele Jahrhunderte nicht dem Jagdrecht unterlag, sondern als freier Tierfang galt. Kein Gesetz schützte die Seehunde, sie konnten von jedermann geschossen, in Netzen gefangen oder tot geknüppelt werden. Sie galten lange Zeit als Fischräuber und damit als Gefährder der Fischbestände und der Fischerei.

So konnten sich die Jäger Anfang des 20. Jahrhunderts auch ohne Gewissensbisse mit locker über die Schulter geworfenen Seehunden dem Fotografen präsentieren. Niedergestreckt unter dem tödlichen Gewehr zeigte eine Aufnahme von Langeoog beispielsweise das erlegte Tier auf einem Gruppenfoto mit Familienanschluss. Auch beim Einlaufen im Hafen präsentierten die Heimkehrer auf dem Bootsdeck gerne öffentlich ihre Beute.

Es gab immer wieder Anläufe, die Tiere zu schützen, Verordnungen zum Wohl der Tiere und ihres Bestandes in der Nordsee zu erlassen, beispielsweise in den zwanziger Jahren von *Graf Inn- und Knyphausen.* Doch zunächst ohne Erfolg. Erst 1934 änderte sich die Situation für die Seehunde. In mehreren Gesetzesnovellen führte man nun auch die Robben als jagdbare Tiere auf, die somit unter das Jagdgesetz kamen, mit entsprechender gesetzlicher Jagd- und Schonzeit. Seehundjäger benötigten nun einen Jagderlaubnisschein. Auch mit jährlichen Abschussquoten wurde der Bestand reguliert.

Fortan war es mit dem sportlichen Vergnügen vorbei und den Fahrten der Lustkutter zu den Seehundbänken vor den Ostfriesischen Inseln und der Küste. 1973 ist die Jagd auf Seehunde in Niedersachsen endgültig eingestellt worden.

Zu der Kulturgeschichte der Seehunde gäbe es noch Vieles mehr zu berichten.[7] Denn nicht nur als Jagdtrophäe, sondern auch zur Unterhaltung im Varieté, Zirkus oder Zurschaustellung, waren die possierlichen Seehunde zu manchen Zeiten sehr beliebt. Auch das Tran der speckigen Seehunde wurde lange Zeit überaus geschätzt: als Lederschmiere zur Schuhpflege – *Marke Seehund.*

[7] Sehr lesenswert ist hierzu ein im Selbstverlag herausgegebenes Buch von Alfred Schmidt: Seehunde an den Küstengewässern der Nord- und Ostsee. Eine kulturhistorische Bilderreise in die Vergangenheit. Seehunde, Seehundsjagd, Seehunddressur, Cachelotpresse, 2015.

Bernstein: Auf der Suche nach den Tränen der Nordsee

<●●●●○○○>

Egab mal eine Zeit, da nannte man die Inseln hoch im Norden Europas, die *Bernsteininseln.* Auch die *Ostfriesischen Inseln* gehörten dazu und stellten noch während der römischen Kaiserzeit ein wichtiges Liefergebiet für diesen mythenumwobenen Stoff dar. Heute gelten der Ostseeraum und das Gebiet des früheren Ostpreußens als wahre Fundgruben. Berühmt und als besonders ergiebig im Europa der Neuzeit ist Bernstein aus dem Baltikum.

Daneben finden sich noch Fundstätten in Polen, Ungarn, Rumänien, Italien, Frankreich, Österreich und der Schweiz, dem Libanon, Jordanien, Birma, China, Borneo, Japan, Neuseeland, der Dominikanischen Republik und Kanada.

Bernstein gibt es in vielen unterschiedlichen Farbtönen. Meistens schillert er in Gelb-, Braun- oder Rottönen. Aber es gibt auch klare oder grüne Varianten oder weiße wie den Knochenbernstein. Besonders selten und daher besonders kostbar ist blauer Bernstein aus der Dominikanischen Republik.

Die Farbe erkennt man übrigens erst nach dem Schleifen. Vorher liegt jeder Fund nur matt und stumpf in der Hand, seine wahre Schönheit erkennt man erst nach dem Schliff. Frisch angeschliffen leuchtet Bernstein im UV-Licht intensiv blau. Ein untrügliches Merkmal für seine Echtheit. Auch kann echter Bernstein mit Lösungsmittel behandelt werden. Echter Bernstein wird übrigens korrekt als *Naturbernstein* bezeichnet. Hinter „Echt Bernstein" verbirgt sich meistens eine Fälschung.

Bernstein ist kein Stein, sondern ein fossiles Naturharz. Das Harz stammt von Nadelbäumen, meist von der heute ausgestorbenen Bernsteinkiefer, deren intensiver Duft vor allen Dingen Insekten anzog – und zu deren Todesfalle wurde. Das Baumharz war damals viel flüssiger als wir es heute gewohnt sind und rann sehr schnell die Stämme hinab. Es umhüllte die kleinen Tiere überraschend, die in ihrem goldenen Sarg sofort erstarrten. Solche fossilen Tiereinschlüsse im Bernstein nennt man Inklusen. Rare Funde: Auf 10.000 Bernsteine kommt nur etwa eines dieser außergewöhnlichen Fundstücke. Meistens handelt es sich dabei um Fliegen, Mücken oder Bienen. Eingeschlossene Wirbeltiere wie Skorpione, Eidechsen oder Geckos finden sich nur sehr, sehr selten.

Das flüssige Harz härtete an der Luft aus, löste sich von der Rinde und fiel zu Boden. Bis der Harzklumpen dann irgendwann von den Flüssen ins Meer gespült wurde, um dort im Salzwasser zu schwimmen und Jahrtausende später als „Träne des Meeres" an Land gespült zu werden. Jedes Stück Bernstein ist einzigartig und ein Zeugnis uralter Zeiten.

Bernstein kann bis zu 100 Millionen Jahre alt sein und ist einer der faszinierendsten Rohstoffe der Welt. Kein Wunder, dass von alters her dem Bernstein besondere Kräfte nachgesagt wurden.

Vielleicht lag dieses ja auch an seiner Eigenschaft, sich durch Reibung elektrisch aufzuladen. So konnte er leichte Gegenstände wie Staub oder Federn quasi magisch anziehen. Dieses Phänomen benannte man später *„vis electrica"*, die Kraft des Bernsteins. Daraus entstand dann später der Begriff *„Elektrizität"*.

Bereits in der Steinzeit hat man Amulette aus Bernstein benutzt. Diese sollten Schutz vor bösen Krankheiten und Geistern bieten und Unheil abwehren. Heilkräfte, an die man bis heute noch glaubt, die aber wissenschaftlich bisher nicht belegt sind. Doch der (Aber-)Glaube sitzt tief: Da sollen Bernsteinketten Dämonen abwehren, Hunde vor Zeckenbissen schonen oder Babys das Zahnen erleichtern.

Wer sich etwas ganz Besonderes gönnen will, der leistet sich eine Bernstein-Massage. Die zwei Bernsteine, die dabei in synchronen Bewegungen über den ganzen Körper geführt werden, sollen dabei eine starke tiefenentspannende Wirkung entfalten, glauben esoterische Gemüter. Zur esoterischen Massage-Sitzung gibt es dann meistens auch ätherisches Bernsteinöl. Das hat aber mit dem echten Bernsteinöl, das neben Bernsteinsäure bei der Trocknung von Bernstein entsteht und als Holzschutzmittel eingesetzt wird, nichts zu tun. Bei esoterischem Bernsteinöl reicht es schon, einen Bernstein für eine gewisse Zeit in Öl einzulegen, um ordinären Pflanzenöl die nötige Weihung zu geben...

Bei Ostwind und starkem Sturm kann man Bernstein auch heute noch an der ostfriesischen Küste finden. Bei Wassertemperaturen um vier Grad sind die Erfolgsaussichten am größten. Dann nämlich steigt der Bernstein an die Oberfläche. Am Strand sammeln darf jeder wo und so viel er will. Denn Bernstein war und ist stets Eigentum des Finders.

Woran erkennt man, dass man einen Bernstein gefunden hat? Nun, einfach Mal anzünden. Denn Bernstein, auch *„Brennstein“* oder *„Börnstein“* genannt, brennt und verbreitet dabei einen aromatischen Geruch von Harz. Zudem ist er viel leichter und auch viel wärmer als ein gewöhnlicher Stein. Wer es noch genauer wissen will, der setze den Stein in gesättigte Kochsalzlösung. Wenn er darin schwimmt, dann handelt es sich um einen echten Bernstein.

Im Zweifelsfall tödlich:
Trügerisches Wattenmeer

<●●●●●○○>

Ich stehe hier auf einer Plat und muß ertrinken.“ Mit diesen wenigen Worten wurde er unsterblich. *Tjark Evers* aus Baltrum ist nur 21 Jahre alt geworden. Doch seine überaus bewegenden Zeilen, die er im Angesicht des nahenden Todes seiner Familie auf der heimatlichen Insel zum Abschied schrieb, währten weit über sein kurzes Leben hinaus. Sie rühren die Menschen bis heute. Wie gefährlich Nebel und schlechte Sicht im Wattenmeer werden können, davon zeugt sein unbarmherziges Schicksal, eine der tragischsten Geschichten Ostfrieslands, die historisch überliefert ist. Sie passierte vor gut 150 Jahren, am vierten Advent des Jahres 1866, direkt vor der Insel Baltrum.

Tjark Ulrich Honken Evers, so der vollständige Name, ist Insulaner. Seine Familie lebt schon seit Generationen auf Baltrum. 1866 hält er sich aber meistens auf dem Festland auf, in der Navigationsschule in Timmel, wo er sich zum Steuermann ausbilden lässt. Kurz vor Weihnachten macht er sich von dort aus auf den Weg zur Küste, um seine Familie mit einem Besuch zu überraschen. Am 22. Dezember, abends, kommt er im alten Hafen von Westeraccumersiel an. Am nächsten Morgen, früh um halb sieben Uhr, besteigt er ein Ruderboot, das ihn auf die heimatliche Insel bringen soll. Es ist der Sonntag des 4. Advents, und es beginnt die Flut: auflaufend Wasser. Dichter Nebel liegt über dem Wattenmeer.

Erst geht es Richtung Langeoog, um einen anderen Insulaner auf Heimatbesuch abzusetzen, dann mit festen Ruderschlägen weiter westwärts nach Baltrum: quer durch die starke Strömung der *Accumer Ee,* dem Seegatt zwischen den beiden Inseln, und dann nur noch ein kurzes Stück weiter und sie sind da!

In der festen Überzeugung, Baltrum erreicht zu haben, verabschiedet sich Tjark Evers von den beiden Ruderern und steigt aus dem Boot, das sich sofort zurück Richtung Festland begibt und schnell von ihm entfernt. Wie er zu seinem Entsetzen jedoch nur ein wenig später feststellen muss, ist den Bootsleuten und ihm ein schrecklicher Irrtum unterlaufen: Das, was sie für den Rand der Insel hielten, ist in Wirklichkeit eine vorgelagerte Sandbank, die vollkommen vom Wasser umzingelt ist und dessen Pegel unerbittlich steigt!

Vollkommen orientierungslos im Nebel, kaum noch einen Funken Hoffnung, von einem vorbeifahrenden Schiff entdeckt zu werden, und viel zu spät, um den immer stärker reißenden und eiskalten Fluten irgendwie noch watend oder schwimmend zu entkommen, holt er sein kleines Notizbuch, in das er sonst seine trigonometrischen Formeln einträgt, aus dem klammen Seesack, auch seinen Bleistift und schreibt im Angesicht seines Todes diese erschütternden Zeilen:

Liebe Eltern / Gebrüder u Schwestern /
ich stehe hier auf / einer Plat / und muß / ertrinken ich bekom / me Euch nicht / wieder zu sehen / und ihr mich nicht

Gott erbarme sich / über mich und tröste / Euch ich stecke / dieses Buch in / eine Sigarren / Kiste. Gott gebe / daß Ihr die Zeilen / von meiner Hand / erhaltet. Ich grüße / Euch zum letzten Mal

Die „Sigarren Kiste" wurde tatsächlich, wie von *Tjark Evers* sehnlichst erhofft, an Land gespült: Zehn Tage nach seinem Tod, am 3. Januar 1867, wurde sie viele Kilometer weiter östlich bei Wangerooge, dem äußersten Eiland der ostfriesischen Inselkette, angetrieben. Sie war mit einem Tuch verschnürt, und hatte ihren kostbaren Inhalt vor dem Wasser der Nordsee geschützt und für immer bewahrt.

Zwei Tage später erfuhren seine Eltern schließlich vom Schicksal ihres jüngsten Sohnes und dass dieser am 23. Dezember, kurz vor Heiligabend, ganz in ihrer Nähe umgekommen ist. Sein Leichnam wurde nie gefunden. Am 28. Januar 1867 hält Pastor *Enno Kittel* dieses Ereignis im *Todes- und Begräbnißbuch* von Baltrum für das Jahr 1866 genau fest wie auch den Wortlaut des Abschiedstextes. Auf einer weiteren dritten Seite im Taschenbuch des elendigen *Tjark Evers* ist demnach noch Folgendes zu lesen:

Gott vergebe mir / meine Sünden und / nehme mich zu sich / in sein Himmelreich / Amen ---- An / Schiffer H. E. Evers / Baltrum / T U H Evers / Ich bin T. Evers / von / Baltrum

Die Originalfundstücke, zu denen neben der hölzernen Zigarrenkiste auch das Taschenbuch, der Bleistift sowie das Halstuch für seine Mutter gehören, sind bis heute erhalten und im Heimatmuseum von Baltrum, dem *Alten Zollhaus,* zu sehen. Das war nicht immer so. Sie wurden auch zeitweilig im Heimatmuseum von Esens, wo direkte Nachfahren der Familie Evers heute zu Hause sind, und im Nordseehaus in Wilhelmshaven präsentiert. Im Juni 2002 feierte der Heimatverein der Insel Baltrum die „Rückkehr der Zigarrenkiste". Persönlich überreicht von *Horst Evers,* dem Urenkel des Bruders von *Tjark Evers,* hat sie hier nun den Ort wieder erreicht, für den sie vom Absender einmal bestimmt war: Baltrum.

Mit der Novelle *„Auflaufend Wasser"* haben *Astrid Dehe* und *Achim Engstler* dem Verzweifelten und schließlich auch an Gott, dem „Gütigen", Zweifelnden, von aller Hoffnung verlassenen *Tjark Evers* 2013 ein literarisches Denkmal gesetzt.

Einmalig: Mit der Postkutsche durch das Wattenmeer

Hilgenriedersiel ist heute ein stiller Fleck am Deich, mit grasenden Kühen und Schafen und dem einzigen Naturbadestrand an der gesamten Küste. Das war vor knapp 200 Jahren noch ganz anders, als landesweit ein einzigartiger Service für die ersten Touristen auf Norderney zur Verfügung stand: Mit der Postkutsche ging es mitten durchs Wattenmeer! Damals war der Sielort ein bedeutender Verkehrsknotenpunkt auf dem Weg nach Norderney. Hier tobte das Leben und das bunte Treiben der ankommenden und abfahrenden Gäste.

Der Weg durchs Watt war über viele Jahrhunderte die wichtigste Verbindung der Insulaner zum Festland. Auch die Post wurde seit 1746 durch Botengänger über das Watt befördert und nicht etwa per Schiff. Erst als man um 1800 die Gründung einer Seebadeanstalt in Angriff nahm, begann man über einen regelmäßigen Fährdienst für die Feriengäste nachzudenken. Norderney liegt bis heute von allen *Ostfriesischen Inseln* am nächsten zum Festland. Das war auch ein wichtiges Argument der Seebad-Gründerväter, dass *„die Insel dem festen Lande so nahe liegt, daß sie täglich mit frischen Nahrungsmitteln versorgt werden kann"*, heißt es im Protokoll der Ständeversammlung von 1797. An der schmalsten Stelle, östlich des Leuchtturms von Norderney, beträgt die Entfernung lediglich 4 Kilometer. Auch damals verlief eine breite Wasserrinne durch das Wattenmeer vor der Insel, eine Balje. Doch die ließ sich einfach umfahren, das Wasser war bei Ebbe an der tiefsten Stelle nur wenige Dezimeter tief und konnte gut durchquert werden. Zudem hat das Watt vor Hilgenriedersiel bis heute einen hohen Sandanteil, was eine Überfahrt ebenfalls erleichterte.

Zur damaligen Zeit war eine Schiffsreise ein kleines Abenteuer, auch das Umsteigen vom schwankenden Segelschiff auf ein Pferdefuhrwerk fürchteten manche. Der Landweg nach Norderney war für viele Reisende die bessere Alternative, ihnen wurde eine Fahrt mit der *Wattenpost* empfohlen. Seit 1822 verkehrte diese im Liniendienst täglich von Norden über Hage und Hilgenriedersiel nach Norderney zur Poststation der Insel. Die Fahrt mit der Postkutsche dauerte insgesamt ungefähr vier Stunden, die reine Fahrzeit durch das Watt betrug etwa eine Stunde. Auch private Fuhrwerke und Droschken nahmen diesen Weg, alle stets begleitet von einem *Strand- oder Wattvogt* als Wattführer.

Die Fahrt zu Pferde war nicht ganz ungefährlich und erforderte vom Kutscher genaueste Kenntnisse des Watts, der Gezeiten und der Wasserstände: Immer wieder kamen die Kutschen wegen des Nebels vom Weg ab oder wurden von der Flut überrascht. Es gab einige Unfälle, so etwa 1873, als eine Kutsche bei der Überfahrt wegen zu hohen Wassers umkehren musste und dabei ausgerechnet ein Rad brach. Die fünf Insel-Reisenden, Kutscher und Wattführer erreichten das rettende Hilgenriedersiel nur noch unter Mühen mit einem gewaltigen Fußmarsch durch den nassen Schlick des Wattenmeers.

Gleichzeitig geriet die Überfahrt mit dem Schiff immer sicherer und komfortabler. Die neuen Dampfschiffe der Reedereien wurden zu einer schnelleren und günstigeren Alternative. Die Zahl der Gäste, die sich für eine Fahrt nach Norderney mit der Postkutsche entschieden, nahm immer weiter ab: 1873 waren es nur noch 400 Personen. Nach über fünfzig Jahren Betrieb wurde 1875 der tägliche Liniendienst mit Fahrplan schließlich ganz eingestellt. Die Postkutsche fuhr aber noch bis 1892 weiter durch das Watt, vorwiegend für den Transport von Postsachen.

Am Hilgenriedersiel, dem Ausgangspunkt der Fahrten durch das Wattenmeer, ist die Deichlinie von 1570/76 noch heute zu sehen. Sie bildet den innenliegenden zweiten Deich, den man auf dem Weg zum Parkplatz überquert. Von den Bauten am alten Sielhafen existiert noch ein hoher Schornstein wie auch das mehrstöckige Gebäude davor, das im 20. Jahrhundert lange als Molkerei diente. Heute verfällt es und steht leer, könnte aber so manche Geschichte erzählen. Denn darin befand sich im 19. Jahrhundert das bekannte Gasthaus der Familie *Poppinga,* die dieses über drei Generationen hinweg betrieb.

Hier kehrten die Fahrgäste nach Norderney ein, wenn sie noch auf die Ebbe oder besseres Wetter warten mussten. Es gab Zimmer zum Übernachten, im Obergeschoss befand sich sogar ein Tanzsaal. Im 19. Jahrhundert war die Gastwirtschaft in Hilgenriedersiel nicht nur für Inselreisende geöffnet, sondern auch ein ausgesprochen beliebtes Ziel der Einheimischen für Ausflüge mit der Kutsche. Schließlich gab es dort immer etwas zu sehen, zog mit den illustren Gästen des Seebades auf der Insel auch immer ein wenig die weite Welt in den winzigen Sielort am Deich ein. 1836 soll der *Herzog von Cumberland* dort eingekehrt sein. Auch über den späteren Reichskanzler *Otto von Bismarck,* in jungen Jahren begeistert von der ungezwungenen Atmosphäre auf Norderney und regelmäßiger Kurgast, wird 1844 in Zusammenhang mit der Einrichtung des Postkutschenverkehrs berichtet.

Für die Pferde war ebenfalls bestens gesorgt. Am Ortsrand von Hage, wo sich heute das Tierheim befindet, hatte man damals die letzte Umspannstation für die Kutschpferde eingerichtet. Von dort machten sich die Gespanne auf den Weg für die Strecke durch die weite Hagermarsch. Am Hilgenriedersiel angekommen, gab es in einem langen Nebengebäude direkt vor dem Deich einen Pferdestall für die Vierbeiner.

Der Postweg durch das Watt wurde durch Steine befestigt, was der Strecke auch ihren zweiten Namen *Steenwegh* gab. Die Kutschen hatten besonders breite Reifen, um den Druck zu verteilen und nicht im Wattboden zu versinken. Der Wattweg war mit Pricken gekennzeichnet. Auf Norderney diente eine Bake dem Kutscher zur Orientierung. Diese wurde dort schon vor 1863 als feststehende Sichtmarke errichtet und hatte als Toppzeichen ein auf der Spitze stehendes Dreieck. Eine sieben Meter hohe Rekonstruktion der alten *Postbake* steht heute am Ostrand des Grohdepolders auf Norderney und ist zu Fuß vom Parkplatz *Ostheller* aus gut zu erreichen, wenn auch durch sehr sumpfiges Gelände.

Neben der *Postbake* zeugt auf Norderney heute noch der Name *Alter Postweg* von der alten Verbindung zum Festland. Immer entlang der historischen Spur führt er als Fahrradweg vom Surfbecken des Hafens an der Kläranlage und Südstrandpolder vorbei Richtung Inselosten. Manchmal kann man auf Norderney im Watt noch die alte Pflasterung des steinigen Postwegs entdecken.

Heute ist das Überqueren des Watts vom Hilgenriedersiel nach Norderney nicht mehr möglich, weder zu Fuß noch mit der Postkutsche. Die Balje zwischen Festland und Insel reicht mittlerweile tief ins Wattenmeer hinein und kann nicht mehr durchquert werden. An wenigen Tagen im Jahr ist eine Wattwanderung nach Norderney noch machbar, die startet aber viel weiter östlich in Neßmersiel und wird zunehmend schwieriger zu passieren.

Auch auf Festlandseite kann man noch Überreste des historischen Postkutschenweges entdecken. Allerdings nicht ohne die Begleitung oder die Erlaubnis des zuständigen Wattaufsehers. Denn der alte Postweg begann östlich vom heutigen Naturbadestrand – und genau dieses Gebiet liegt in der Schutzzone I vom *Nationalpark Wattenmeer:* Betreten verboten!

Von der Abbruchkante der Salzwiese kann man dort bei Ebbe noch dem alten Verlauf der Steine einige hundert Meter weit mit dem Auge folgen. Danach verflüchtigt sich die Spur im Watt, zu viel Sediment hat sich im Laufe der Jahrzehnte über das Pflaster gelegt. Auf einigen Teilstrecken, insbesondere vor dem Hilgenriedersiel, war der Postweg mit Schutt aus Ziegelsteinen befestigt, was man noch heute deutlich erkennen kann. Hier soll sich der ein oder andere nach Stilllegung der Verkehrsverbindung auch gerne mal beim Bau des Eigenheims bedient haben...

Angriff aus dem Wattenmeer

<●●●●●●●>

Ostfrieslands Küste ist Schauplatz einer der ersten und besten Spionagethriller der Literaturgeschichte: „Das Rätsel der Sandbank“. Nicht weniger als die Invasion Englands sollte von dem dünn besiedelten und von vielen Wasserläufen durchzogenen Landstrich erfolgen. Der Roman, 1903 vom irischen Schriftsteller *Erskine Childers* verfasst, war so wirklichkeitsnah, dass sich die britische Regierung einst veranlasst sah, ihre Truppenstärke an den offensichtlich nicht gut geschützten Küstenabschnitten Englands erheblich auszubauen.

Im spannenden Agentenbuch spielen die geografischen Besonderheiten Ostfrieslands eine Hauptrolle. Denn wie man auch heute noch deutlich feststellen kann, besitzt der nordwestliche Rand von Deutschland keine großen Städte und wenig Häfen. Er öffnet sich mit kleinen Sielen und Schleusentoren zur Nordsee. Davor die sieben *Ostfriesischen Inseln* und dazwischen die Wattenlandschaft im ewigen Rhythmus zwischen Ebbe und Flut.

Von den verstreuten Sielorten an der Küste fließen Kanäle und Wasserläufe ins Hinterland zu kleinen Städten wie Norden, Hage, Dornum, Esens und Wittmund, die ungefähr fünf bis zehn Kilometer hinter der Küstenlinie eine Art horizontales Rückrat bilden, das sich durch die gesamte ostfriesische Halbinsel zieht. Zu Zeiten des Spionageromans waren diese Orte noch durch eine Eisenbahnlinie verbunden.

Dieses große Netz aus Wasser- und Schienenwegen, das sich über das Land spannt, stellt eine ideale Infrastruktur dar, um im Verborgenen und unauffällig die Truppen für eine Seeinvasion Englands zu sammeln.

Hinter dieses Geheimnis deutscher Militärstrategen kommen die beiden Engländer *Carruthers* und *Davis,* die mit ihrer Segeljacht *Dulcibella* durchs ostfriesische Wattenmeer kreuzen und ganz unversehens in die Welt der internationalen Spionage gelangen. Sie entschlüsseln schließlich ein System der sieben: sieben Inseln, sieben Siele und dahinter fast immer eine Stadt mit einem Bahnhof. Eine besondere Rolle spielt der kleine Sielhafen *Bensersiel,* der über den Bahnhof von *Esens* zu erreichen ist, und der das Wasser aus dem *Benser Tief* über Sieltore in die Nordsee führt.

Denn genau hier startet eines Nachts unter den Augen des Deutschen Kaisers höchstpersönlich der Probelauf für einen tollkühnen Plan: ein Kriegsszenario, in dem eine Vielzahl kleiner Boote mit geringem Tiefgang, *voll beladen mit Soldaten ... gleichzeitig in sieben geordneten Flotten aus sieben seichten Fahrrinnen hervorkommt und unter dem Geleitschutz der Kaiserlichen Marine die Nordsee überquert und sich auf die Küsten Englands wirft.*

Der Roman ist eine der spannendsten Abenteuergeschichten des zwanzigsten Jahrhunderts und zudem ein genialer Wurf von großem literarischen Rang. Das Buch ist voll von detaillierten Beschreibungen von Orten und Menschen, die heute, hundert Jahre später, auch dokumentarischen Charakter haben, und einen sehr lebendigen Eindruck vom Leben damals geben.

Die beiden Helden des Buches stranden im Verlauf der Geschichte mit ihrem Segelboot auch im Sielhafen Bensersiel, *„diesem absurden Schlammloch"*. In Empfang genommen werden sie von *Herrn Schenkel,* seines Zeichens Zollbeamter und Postamtsvorsteher in Personalunion:

„Unser Freund, ein dummer Quatschkopf, ist eine enorm wichtige Person in seinem lächerlich kleinen Hafen, dessen Hauptkunde anscheinend das Langeooger Postboot ist, eine Galeote, die je nach Tide hin- oder herfährt... Der Hafen hat innerhalb der zwölfstündigen Tide für zwei Stunden eine Wassertiefe zwischen fünf und sieben Fuß. Herr Schenkel begleitete uns mit Reden zur Yacht zurück, die auf Schlamm ruhte."

Am nächsten Morgen:

„Der Priel war jetzt ein Graben, in dem ein Rinnsal floß; er verlief ungefähr von Nord nach Ost und war anfangs von einer etwa eine Viertelmeile langen Buhne aus Weidengerten gesäumt. Es wehte immer noch frisch aus Nordost, und wir sahen, daß es unmöglich war, bei diesem Wind auszulaufen. Also zurück zum Dorf, einem armseligen, trüben kleinen Ort."

In der Zwischenzeit hat sich in *Bensersiel* allerdings einiges getan. Aus dem „Schlammloch" ist ein moderner Küstenort und Nordseeheilbad geworden mit großzügigen Strandanlagen, Thermalbädern und Thalasso. Ein Yachtclub, der große Hafen mit Fischkuttern und den Fähren nach Langeoog geben dem Sielort heute ein ausgesprochen maritimes Flair.

Das *Rätsel der Sandbank* war lange Zeit beim britischen Geheimdienst Pflichtlektüre, so überzeugend war das fiktive Szenario, das die beiden Romanfiguren und Kartografen aufdeckten. Heute geht jedoch keinerlei Gefahr mehr von der ostfriesischen Halbinsel aus. Eine Invasion aus Ostfriesland würde allein schon daran scheitern, dass die Eisenbahnlinie, die damals noch *Norden* und *Wittmund* in der West-Ost-Achse verband, vor einigen Jahren zu großen Teilen stillgelegt wurde.

Ein wenig kann man aber dennoch den Geist der Jahrhundertwende vor den beiden Weltkriegen nachspüren und sich auch heute auf die Spuren der Agentenjäger aus dem Roman machen. Denn ein Teil der Original-Strecke wird noch befahren: Als Museumseisenbahn ist die *Küstenbahn Ostfriesland* in den Sommermonaten jeden Sonntag zwischen Norden und Dornum unterwegs. Im Bummeltempo geht es über 17 Kilometer quer durchs Land.

„Ein Kultbuch", meint das Nachrichtenmagazin Spiegel. *Für* mare *besticht der Spionageroman heute auch durch „seinen nostalgischen Charakter".* Das Rätsel der Sandbank, *im englisch-sprachigen Original* The Riddle of the Sands, *wird zudem heiß und innig geliebt von allen, die selbst die Segel hissen. Aber dank seiner Spannung und dichten Atmosphäre ist es eigentlich jedem zu empfehlen: ein unglaublich fesselnder Roman bis zur letzten Seite, der 1988 beim Diogenes Verlag als Taschenbuch wiedererschienen ist.*

Für Robert Erskine Childers, *einem begeisterten und erfahrenen Hochseesegler, blieb dieses Buch sein erster und einziger Roman. Als Schriftsteller verfasste er jedoch noch zahlreiche militärische Bücher bevor er nach einer militärischen Laufbahn im Ersten Weltkrieg seinen Weg in die Politik fand. Er war ein radikaler Verfechter der irischen Unabhängigkeitsbewegung. Im Alter von nur 52 Jahren wurde er am 24. November 1922 in Irland, in der Hauptstadt Dublin, durch ein Erschießungskommando eines englischen Militärgerichts exekutiert. Er ist der Vater des späteren irischen Ministerpräsidenten* Erskine Hamilton Childers.

3. Klöster und Klinker, Kanäle und Kanonen

Nach Ostfriesland importierten Mönche im Mittelalter nicht nur das Christentum und fromme Klöster, sondern auch die Kunst aus Lehm Backstein zu brennen. Moore bildeten über viele Jahrhunderte eine Art natürliche Außengrenze. Im Land entfaltete sich eine ganz eigene Form der Demokratie. Erst im 17. Jahrhundert fing der Mensch an, es mit Moorkolonien und Kanälen urbar zu machen und für immer zu verändern. Während Kaiserreich und Diktatur erlebte die Region einen Aufschwung als strategisch wichtige Küstenfront: Militär und die Bahn kamen nach Ostfriesland. Ganz friedliche Absichten hatten hingegen die Menschen, die als Touristen Land und Inseln bereisten. Es wurden immer mehr.

Vom Anfang und Ende der Friesischen Freiheit

<●○○○○○○>

Es ist das frühe Mittelalter. *Karl der Große* war 800 n. Chr. in Rom vom Papst zum Kaiser gekrönt worden. Auch im Osten des Friesenreiches hatte man nach der Eroberung durch die Franken im Jahre 785 den langen Widerstand aufgegeben und folgte nun dem christlichen Glauben. Die frühen Missionare *Liudger, Willehad* und *Bonifatius* waren darin noch mäßig erfolgreich, der letzte sogar in Friesland ermordet worden. Doch von nun an schritt die Christianisierung in Siebenmeilenstiefeln voran. Ein Kloster nach dem anderen wurde an der niederländischen und deutschen Nordseeküste erbaut. 120 Gründungen verschiedenster Orden zählte man. Allein in Ostfriesland gab es bis zur Reformation mehr als 30 Klöster, Stifte und kirchlichen Treuhandbesitz.

Doch *Karl der Große* war nicht nur besonders fromm, sondern auch ein militärischer Machtmensch und gewiefter Stratege. Er stellte die Friesen von der Untertanenpflicht zur Heeresfolge frei. Damit mussten sie nicht für Kaiser und Frankenland in den Krieg ziehen. Dafür mussten sie sich aber selbst gegen die Wikinger verteidigen, die im 9. Jahrhundert anfingen, die nördliche Grenze des Frankenreiches anzugreifen. Clever gemacht vom Kaiser, die Idee mit der selbstständigen Küstenwache, eine Art mittelalterlichem Wehrersatzdienst. Daraus entstand der Mythos, *Karl der Große* habe den Menschen an der Nordsee die Friesische Freiheit geschenkt: *„Eala Frya Fresena – Seid gegrüßt ihr freien Friesen."*

Die *Friesische Freiheit* war zu seinen Zeiten jedoch nur auf eine privilegierte Schicht königstreuer Männer beschränkt, die während der Kriege vorher nicht gegen *Karl den Großen* gekämpft hatten und denen er daher nicht wie allen anderen das Recht auf ihr väterliches Erbe entzogen hatte. Das dürften nicht allzu viele gewesen sein. Erst mit dem Tod des Kaisers im Jahre 814 erhielten sie dieses Recht von seinem Sohn, *Ludwig den Frommen*, zurück. Was sich der Herrscher im Gegenzug durch eine königliche Abgabe, der sogenannten *huslotha* oder *koninckhuere,* bezahlen ließ.[8] Fortan genossen alle grundbesitzenden Friesen das königliche Privileg, nicht außerhalb ihres heimatlichen Territoriums kämpfen zu müssen.

Was zunächst nur für die Heeresfolge galt, wurde bald zum gesellschaftlichen Prinzip. Die Friesen setzten im 11. Jahrhundert jedem Versuch auswärtiger Grafen hier eigene Herrschaften aufzubauen, massiv Widerstand entgegen. Im 12. Jahrhundert bildete sich dann eine auf bäuerliche Freiheiten basierende Gesellschaft in Ostfriesland heraus. Es entstanden die friesischen Landesgemeinden, genossenschaftliche Organisationen mit großem Zusammengehörigkeitsgefühl. Sie akzeptierten keine anderen Landesherren und bestanden auf die ihnen zuerkannte Freiheit: *„Der Stamm der Friesen ist nach außen frei, keinem anderen Herrn unterworfen",* heißt es 1240 in einem Zitat von *Bartholomaeus Anglicus.*

Gemeinsam war man stark, gegen die Sturmfluten und das Meer, aber auch gegen Angriffe aus dem Landesinneren, von Sachsen, von Oldenburgern. Sogar Heinrich der Löwe holte sich eine blutige Nase beim Versuch, Teile vom östlichen Friesland zu erobern. Vor allen Dingen boten aber auch die schwierigen geographischen Verhältnisse Sicherheit und Schutz vor feindlichen Übergriffen. Kam es dann doch mal zum Kampf, waren in den Sümpfen und Moorgegenden die Fußtruppen und Bauernheere in altbewährter Guerilla-Taktik den Rittern in Rüstung haushoch überlegen.

---

[8] Hajo van Lengen: Bauernfreiheit und Häuptlingsherrlichkeit. In: Karl-Ernst Behre, Hajo van Lengen: Ostfriesland. Geschichte und Gestalt einer Kulturlandschaft. Ostfriesische Landschaft, Aurich 1995

Mythen umwoben ist ein Ort, der geradezu zum Symbol für die *Friesische Freiheit* geworden ist: der *Upstalsboom.* Mit dem Wort bezeichnete man früher einen gemeinschaftlich genutzten Weidegrund. Dort versammelten sich vom 12. bis ins 14. Jahrhundert Abgesandte vom *Bund der sieben Seelande,* zu denen sich die freien friesischen Gebiete zusammengeschlossen hatten. Die Zahl ist symbolisch zu verstehen, es waren weitaus mehr Landstriche vertreten. Auf der mittelalterlichen Thingstätte kam man regelmäßig am Pfingstdienstag zusammen, um Recht zu sprechen und zu vollstrecken, aber auch um eine Art gemeinsame Außenpolitik zu definieren.

Diesen geschichtsträchtigen Ort kann man besuchen. Er liegt in Rahe, etwas außerhalb vom Auricher Stadtzentrum. Dort erwartet einen eine fünf Meter hohe Pyramide aus Stein, zu der eine sehr schöne Allee mit alten Buchen führt. Man braucht schon viel Vorstellungskraft, um an dem steinernen Denkmal dem Freiheitsgeist der Friesen des Mittelalters nachzuspüren. Der *Upstalsboom* ist bis heute der zentrale historische Fixpunkt auf den sich alle Ostfriesen beziehen und der 2018 im Zuge einer Neugestaltung der Parkbereiche und Wegführung deutlich touristisch aufgewertet wurde.

Mit der Selbstbestimmung und der Autonomie der Friesen war es dann spätestens im 14. Jahrhundert vorbei. Es beginnt eine neue Phase in der Geschichte Ostfrieslands, eine schwere Zeit. Das Land wurde von mehreren zerstörerischen Sturmfluten geplagt, die Pest brach aus. Zudem drohte Ostfriesland Gefahr von außen, aus Holland, Westfalen oder Oldenburg, die begehrlich die Finger nach ihm ausstreckten. Die friesische Freiheit löste sich jedoch nicht von außen, sondern quasi von innen auf. Es begann die Zeit der mächtigen ostfriesischen Häuptlinge.

Zeitlose Schönheiten: Die fabelhaften Fliesen von Ihlow

<●●○○○○○○>

Es war wahrlich eine kleine Sensation, was Archäologen zwischen 1977 und 2005 aus der Erde des ehemaligen *Kloster Ihlow* im ostfriesischen Landkreis Aurich bargen: über 100 historische Bodenfliesen aus gebranntem Ton. Es war der mit Abstand größte zusammenhängende Fund dieser Art aus dem Mittelalter, der je in Norddeutschland gemacht wurde. Kleine Kostbarkeiten im Quadrat. Wobei sie genau das nicht sein sollten: kostbar oder gar prunkvoll.

Denn im 1228 gegründeten *Kloster Ihlow* führten Zisterziensermönche das Regiment: ein Orden, der sich durch eine strenge Lebensführung auszeichnete – *Ora und Labora (Bete und Arbeite)* lautete ihre oberste Regel. Nüchtern und schlicht hatte auch alles in der Architektur zu sein. Bunte Kirchenfußböden wie andernorts in katholischen Kirchen waren ihnen untersagt.

Kleine Schmuckstücke sind sie dennoch geworden, die Bodenfliesen, die man regelkonform nur aus einfachem Ton herstellte und wohl auch nur in besonderen Bereichen des Ihlower Klostergeländes verlegte: Sie zierten den Boden der Kirche auf Höhe der Vierung und des Chors. Der Kreativität waren anfangs noch Grenzen auf rein florale und geometrische Motive gesetzt. Doch als es erlaubt war, Tiere abzubilden, zeigten die Kirchenmänner einen besonders sprühenden Einfallsreichtum: Von Löwen, Falken, Adler, Hund und Katze bis hin zu Chimären, Doppellöwen und anderen Fabelwesen tobt das bunte Leben auf den tönernden Pflastersteinen. Auch wenn die Farbgebung erden und terrakottafarben ist, springt einen die Lebendigkeit der Motive bis heute geradezu an. Die Fliesen berühren und rühren einen noch immer in ihrer zeitlosen, schlichten Schönheit.

Rein technisch gesehen handelt es sich bei den Quadraten aus Ihlow um inkrustrierte Fliesen: In der dunkleren, rostroten Tonsorte wurde mit einem Stempel ein Muster in den noch weichen Ton einer noch ungebrannten Fliese geprägt. So entstand eine Hohlform, die man dann mit einer helleren Tonmasse füllte und oben glattstrich. Nach komplettem Trocknen wurde sie mit einer transparenten Bleiglasur überzogen und schließlich bei einer Temperatur von 900 Grad Celsius gebrannt, damals in einem eigens dafür errichteten Ofen.

Es waren auch Mönche, die als Erste für ihre Klöster und Kirchen Backstein brannten und das Wissen um diese Handwerkskunst und - zunächst mobile - Brennöfen in die Region brachten. Zum Ende des 18. Jahrhunderts gab es in Ostfriesland bereits 52 Öfen, in denen die roten Ziegel gebrannt wurden. Im 19. Jahrhundert dann war das Ziegeleiwesen die einzig nennenswerte Industrie, die es im eher landwirtschaftlich geprägten Ostfriesland gab. 1814 produzierten die ostfriesischen Ziegeleien rund elf Millionen Steine und 2,2 Millionen Dachziegel. Bis nach dem Zweiten Weltkrieg war die Ziegelindustrie eine bedeutende Branche, spielt mittlerweile aber kaum noch eine Rolle in Ostfriesland. Bis heute hat aber der *Ostfriesische Klinker* unter Architekten einen exzellenten Ruf.

1529 wurde die Klosterkirche von Ihlow zerstört wie viele andere katholische Klosteranlagen während der Reformation in Ostfriesland. Die fabelhaften Bodenfliesen sind eine der wenigen noch heute erhaltenen Zeitzeugen dieser Epoche. Auf dem ehemaligen Klostergelände bei Aurich erhebt sich seit 2009 eine Klosterstätte, die mit moderner Gedenkarchitektur an den ehemals zweitgrößten Sakralbau Ostfrieslands erinnert und dessen ursprünglich gewaltige Ausmaße als *Imagination* wieder erlebbar machen.

Aus dem Land der feuchten Moore: Die Eroberung der Natur

Ein unheimlicher Ort, voll spukender Geister und den Seelen Untoter, so gruselig beschreiben Gedichte und Volksglauben eine Landschaft, die einst große Teile Deutschlands prägte: 20 Prozent unseres Landes waren einmal von Mooren bedeckt. Besonders in Norddeutschland waren sie prägend. Niedersachsen ist das Bundesland mit den meisten Hochmooren.

Ein ganzer Riegel von Mooren durchzieht auch die ostfriesische Halbinsel. Sie bildeten lange Zeit eine natürliche Grenze, die auch zur Sonderstellung und der eigenständigen, sehr isolierten Entwicklung Ostfrieslands über viele Jahrhunderte beigetragen hat, das nur schwer zu erreichen und zu durchqueren war.

Nur auf Bohlenwegen war es überhaupt möglich, die Moore zu betreten. 1980 legten Forscher im Hochmoorgebiet bei Aurich-Tannenhausen einen solchen historischen Streckenabschnitt aus festen Holzplanken frei. Der Fund zählt mit 4.500 Jahren zu den ältesten befestigten Straßen, die jemals von Archäologen entdeckt wurden – jahrtausendelang vom ostfriesischen Moor konserviert.

Erst im 17. und 18. Jahrhundert fing die Bevölkerung an, sich die schwer zugänglichen Moorlandschaften zu erobern. Man begann lange Kanäle in die Moore zu graben, um das Land zu entwässern und Torf vom trockengelegten Land abzustechen. Das gewonnene Heizmaterial konnte über das Kanalnetz praktischerweise sofort abtransportiert und gehandelt werden. Übrig blieb tiefer liegendes, urbar gemachtes Wohn- und Ackerland.

Dieses Verfahren der Moorkultivierung hatten sich die Ostfriesen bei den Holländern im benachbarten Groningen abgeschaut. Es wurde zum Modell staatlich geförderter Besiedlungsprojekte. Die Orte, die entlang der Kanäle im Moor entstanden, nannte man

Fehn. Papenburg im Emsland, 1631 gegründet, gilt als die erste und größte deutsche Fehnkolonie. In Ostfriesland war es die Stadt Emden, die 1633 mit der Gründung Großefehns den Anfang machte, der bis 1829 noch 15 weitere folgen sollten wie etwa Rhauderfehn, Ida Fehn, Elisabethfehn im Süden oder Berumerfehn im Norden Ostfrieslands.

In Berumerfehn wurde für den Transport des Torfes zum 15 Kilometer entfernten Norden sogar eine ganz neue Wasserstraße gebaut, da es keine natürliche Verbindung gab. Durch diesen Kanal fährt man heute allerdings nicht mehr, wenn man von dem idyllischen Flecken bei Großheide zu einer Fahrt mit dem historischen Torfkahn startet. Die besondere Tour bietet der Heimatverein von Berumerfehn an, der das stillgelegte und bereits vergrabene Schiff *Selika* in einer spektakulären Aktion vor einigen Jahren wieder aus der Erde ausbuddelte und komplett sanierte. Jetzt strahlt das lange, äußerst flach gehende Boot wieder im alten Glanz.

Mit Holzhaken und den Armen kräftiger Männer wird der Torfkahn wie bei den Gondolieren in Venedig gestakt und ohne Motor langsam durch die Moorlandschaft geschoben. Nur dass heute statt Tonnen von schwarzem Torf vergnügte Touristen den langen Frachtraum füllen. Während das schwere Transportschiff wie von Zauberhand über die schnurgerade, sehr grünlich schimmernde Mittelwieke zwischen Wiesen und dunklem Wald gleitet, kann man ein wenig dem Geist der Torfstecher von einst nachspüren, die in den langen Fehnorten früher eigentlich immer drei Berufe gleichzeitig beherrschen mussten: den des Torfstechers, des Bootsführers und des Landwirts.

Der Anfang aller Moorkolonien war schwer, nicht umsonst hieß es: *„Dem Ersten der Tod, dem Zweiten die Not, dem Dritten das Brot."* Doch mit der Zeit erreichten die meisten Fehnkolonien einigen Wohlstand: Es erblühte langsam ein sehr ertragreicher Torfhandel, schließlich auch die Schifffahrt und der Schiffsbau entlang der Kanäle.

Ganz anders sah es in den Moorsiedlungen aus, die nicht auf die Fehn-Kultivierung setzten, sondern auf die Urbanisierung durch Moorbrand. Dabei wurde die Oberfläche des Moores mit Hacken mehrfach aufgelockert und im Mai nach dem letzten Frost abgebrannt. Schon war das Land landwirtschaftlich nutzbar und zwar mit Buchweizen, den man in die noch warme Asche streute.

Wenn der Nordwesten seine Moore in Brand setzte, dann merkten das damals auch die Nachbarregionen. Der Torfrauch hing im Frühjahr nicht nur als Dunstglocke über ganz Norddeutschland, sondern breitete sich als Höhenrauch über mehrere hundert Kilometer aus und war bis Nordfrankreich, Schweiz oder Polen zu bemerken. Sogar nach Lissabon oder St. Petersburg wurde er getragen, je nachdem aus welcher Richtung der Wind blies.

Bei Fehnkolonien dauerte es oft sehr lang, bis der Torf abgebaut und abtransportiert und das Land darunter schließlich urbar gemacht werden konnte. Letztendlich war es aber die nachhaltigere Methode. Denn bei der alternativen Moorbrandkolonisierung war der Boden spätestens nach sieben Jahren ausgelaugt und musste im Anschluss 30 Jahre ruhen, bis er sich von dem Raubbau erholt hatte und wieder bewirtschaftet werden konnte. Dem Moorbauer blieb in diesem Fall nichts anderes übrig, als weiterzuziehen und das nächste Stück Moor abzubrennen.

Trotz der schlechten Umweltbilanz und der schlimmen Folgen für Natur und Mensch setzte sich die Moorbrandkultivierung durch, mit ihr erreichten die Mächtigen einfach sehr viel schneller und günstiger ihre Landeroberungsziele.

Nach dem *Urbarmachungsedikt*, das *Friedrich der Große* 1765 erlassen hatte und mit dem er die *„Wüsteneyen“* Ostfrieslands zum Besitz des Staates erklärte, entstanden unter Regie der preußischen Verwaltung mehr als achtzig solcher Kolonien. Mit seinem berühmten Edikt wollte *Friedrich der Große* neue Siedler in neues Land holen *„... weil die Peuplierung der wichtigste Gegenstand der Regierung ist und weil mit viel Bevölkerung der Fürst erst wesentlich Reich ist.“* (1786)

Das ist ihm auch gelungen, viele Menschen nahmen sein Angebot auf ein Grundstück im ostfriesischen Moor an, bauten sich karge Hütten und hofften auf ein besseres Leben. Doch das Kolonistendasein erwies sich in den meisten Fällen als sicherer Weg ins Elend. Die Flächen waren meist klein und ergaben nur eine karge Buchweizenernte, die nach einigen Jahren sogar ganz ausblieb, da dem Boden sämtliche Nährstoffe entzogen waren. Die Familien hatten nichts mehr zu essen, mussten in größter Not sogar betteln oder stehlen. Die Moorkolonien genossen einen denkbar schlechten Ruf bei den Nachbarn, wie man sich leicht vorstellen kann.

Die größte dieser Torfbrandkolonien war Moordorf mit 130 Familien. Sie wurde zu einem Inbegriff der Armut und größter Vorurteile: *„Moordorf, ein Dorf von Zigeunern, Sträflingen, Bettlern, Hausierern, Messerstechern und Kommunisten"*, hieß es.

Heute befindet sich dort ein Freilichtmuseum, ein Museumsdorf, das eindrucksvoll zeigt, wie hart das Leben in den gedrungenen und dunklen Behausungen unter den tiefen Reetdächern war, und das zu den meistbesuchten Museen in Ostfriesland gehört. So ist die Geschichte mit Moordorf am Ende dann doch noch gut ausgegangen.

Die Zeit der Kolonisten ist lange vorbei, die der bitteren Armut auch. Geblieben sind eine Vielzahl von Moormuseen und -erlebnispfaden in Ostfriesland, die über diese Zeit der großen gesellschaftlichen und landschaftlichen Veränderung berichten wie etwa der Lehrpfad vom *Ewigen Meer,* der auf Holzbohlen entlang des größten Hochmoorsees Deutschlands führt. Geblieben sind romantische Fehnorte im niederländischen Stil mit Kanälen und weißen Zugbrücken, die sich bestens per Fahrrad entlang der *Deutschen Fehnroute* erkunden lassen.

Geblieben sind auch die vielen neuen Siedlungen, die am Rand der immer weiter zurückgedrängten ostfriesischen Hochmoore entstanden und mit ihren Flur- und Ortsnamen an die Zeit erinnern, als die sumpfige Landschaft von mutigen und oftmals verzweifelten Kolonisten erobert wurde. Der Preis war hoch, den beide zu zahlen hatten – Mensch wie Natur.

Eines steht jedoch fest: Ohne die großflächige Besiedlung und Urbarmachung seiner Moore sähe Ostfriesland heute ganz anders aus.

Einmal quer durch Ostfriesland: Der Ems-Jade-Kanal

<●●●●○○○>

Wie eine große Hauptschlagader durchzieht der *Ems-Jade-Kanal* Ostfriesland von West nach Ost und verbindet die großen Hafenstädte Emden und Wilhelmshaven. Ohne ihn stünde das Land komplett unter Wasser. Er sorgt für die Entwässerung des Landes und macht das dauerhafte Bewohnen großer Teile der Halbinsel überhaupt erst möglich.

Denn gewaltige Moore bedeckten einst ein Viertel von Oldenburg und Ostfriesland, eine größere Fläche als in jedem anderen Teil Deutschlands. Das Binnenland im Nordwesten war schon immer ein trügerisches und gefährliches Terrain. Das spürten auch Hunderte von polnischen Arbeitern, die in der Hauptsache den *Ems-Jade-Kanal* aushoben.[9]

Der Bau des *Ems-Jade-Kanals* von 1880 – 1888 hatte vor allen Dingen militärstrategische Gründe für die regierenden preußischen Machthaber in Berlin. Auf ihm sollte ursprünglich nicht Torf transportiert werden wie sonst üblich auf den langen Kanälen der Fehnkolonien im Süden und Westen Ostfrieslands. Er wurde vor allen Dingen errichtet, um Ruhrkohle von *Emden* zur kaiserlichen Schlachtflotte nach *Wilhelmshaven* zu liefern.

Doch das ist am Ende nie passiert. Der neue Kanal war einfach zu flach als Transportweg für Marine- und Handelsschiffe: das Projekt war eine gigantische Fehlinvestition. Berühmt ist auch das dem Reichskanzler *Otto von Bismarck* zugeschriebene Zitat, der zur Einweihung eingeladen war:

---

[9] Quelle: Blackbourn, David: Die Eroberung der Natur. Eine Geschichte der deutschen Landschaft. Aus dem Kapitel: Die Kolonisierung der Moore, Random House, München, 2007

„Wegen einer solchen Kuhrinne begebe ich mich doch nicht ins unwirtliche Ostfriesland."

Entwässerung und Transport, das sind immer noch die beiden Hauptaufgaben des Ems-Jade-Kanals, der auf seiner 73 Kilometer langen Strecke sechs Schleusen, 15 feste und 26 bewegliche Brücken passiert. Berühmt ist die 1886/87 erbaute und in Europa einzigartige Kesselschleuse in Emden, in der sich der *Ems-Jade-Kanal* mit dem Emder Stadtgraben und dem *Fehntjer Tief* kreuzt. Sie besteht aus einem runden Kessel von 33 Metern Durchmesser, an den vier Schleusenkammern sternförmig angeschlossen sind.

Heute sind es nicht mehr Torf und Kohle, sondern vor allen Dingen Touristen wie Ostfriesen, die auf den Ausflugsschiffen zwischen Aurich und Emden eine abwechslungsreiche Fahrt durch Ostfriesland genießen. „Wer das Wesen Ostfrieslands kennenlernen möchte und wer die Zusammenhänge zwischen Wasser und Himmel, zwischen Menschen und Moor verstehen will, der kommt um eine Tour entlang des Ems-Jade-Kanals nicht herum", so formuliert es das Auricher Tourismusmarketing sehr treffend.

Für Kaiser und Diktator von strategischem Interesse

<●●●●●○○>

Bereits zu Zeiten von *Kaiser Wilhelm II.* spielte der Landstrich mit dem Zugang zum Meer eine strategisch wichtige Rolle in den Planungen der Militärs. Schon vor Beginn des *Ersten Weltkriegs* gab es fiktive, aber überaus realistische Szenarien in denen von den kleinen Sielorten Ostfrieslands aus doch tatsächlich die Invasion Englands durch die deutsche Kriegsmarine erfolgen sollte. *Das Rätsel der Sandbank* empfiehlt sich hier nochmals als Spionagethriller und spannende Lektüre.

Seine Lage zum offenen Meer war es, der Ostfriesland schon immer eine besondere Rolle bei den Strategiespielen der Mächtigen zu verdanken hatte. Die großen Seehäfen, Emden ganz im Westen sowie Wilhelmshaven ganz im Osten der ostfriesischen Halbinsel, spürten immer besonders stark die Ausschläge des in seinen Anfängen sehr kriegslüsternen 20. Jahrhunderts. Mit dramatischen Folgen für die beiden Städte und ihre Bevölkerung.

Als *Reichskriegshafen* war Wilhelmshaven neben Kiel im Mittelpunkt des Kräftemessens von *Wilhelm II.* mit der Seemacht Großbritannien. Ausgerechnet im nach ihm benannten und protegierten Wilhelmshaven nahm 1918 die Meuterei der Matrosen ihren Anfang, die schließlich zur deutschen Novemberrevolution und zum Ende des Kaiserreichs führen sollte. „Die wichtigste Meuterei der deutschen Geschichte“, meinte dazu die *Welt* einmal.

Warum die Matrosen damals meuterten, darüber gibt heute das *Deutsche Marinemuseum* in Wilhelmshaven Auskunft.

Die „Entwicklung maritimer Technik vom Ersten Weltkrieg bis zur Gegenwart“ lässt sich im Museumshafen direkt an den Objekten verfolgen. Zur musealen Kriegsflotte gehört der Lenkwaffenzerstörer *Mölders,* „Flagschiff der Ausstellung“ und darüber hinaus das größte Museumskriegsschiff Deutschlands. Auch ein Minenjagdboot, ein leistungsstarkes Schnellboot, ein Küstentorpedoschnellboot und sogar ein begehbares U-Boot liegen hier vor Anker.

Am anderen Ende Ostfrieslands ist es das *Bunkermuseum,* das an die Zeit erinnert, in der Emden im Kriegszustand war. Im *Zweiten Weltkrieg* erlitt die Hafenstadt an der Grenze zu den Niederlanden 94 Bombardements. Sie gehörte am Ende zu den am meisten zerstörten Städten Europas. Auch in Emden war es die Marine und die für sie produzierende *Nordseewerke*-Werft, die sie zu einem Ziel für die Luftangriffe machten. Die vielen Bunker der Stadt retteten den Bürgern damals das Leben.

In einem von ihnen, einem bunt bemalten massiven Bau in der ehemaligen, fast komplett zerstörten Altstadt von Emden, hat das in Deutschland einmalige Museum heute seinen Sitz und informiert über die Schrecken und Gräuel des Nationalsozialismus und des *Zweiten Weltkriegs.*

Auf Schienen der Erinnerung durch ein geteiltes Land

<●●●●●●○>

Langsam verblasst die Erinnerung an jene Zeiten, als die Eisenbahn Ostfriesland erstmals mit den Metropolen und den Wirtschaftszentren des 19. Jahrhunderts verband. Als auf der Schiene der Tourismus und die Kohle in das abgeschiedene und durch große Moorgebiete auch abgeschnittene Agrarland im Norden kam. Als Ostfriesland den Anschluss an die Moderne fand. Als die Bahn dem Landstrich am äußersten Rand der Nation einen ungeheuren Entwicklungsschub gab.

So bedeutend Bahn und Schienen für Ostfriesland einmal waren, heute spielen sie eine eher untergeordnete Rolle im öffentlichen Personennahverkehr der Region. Ein Schienennetz existiert quasi nicht mehr. Die Querverbindungen wurden gekappt, nur zwei einsame Schienenfinger ragen noch links und rechts des Festlands heraus: Endstation Norden/Norddeich auf der einen Seite und Esens auf der anderen. Weiter geht's nicht mit der Deutschen Bahn in Ostfriesland. Und auch auf diesen Strecken heißt es dann nicht selten: Der Bus übernimmt - Schienenersatzverkehr.

Diese Geschichte kann also gar nichts anderes werden als eine *Sentimental Journey*: eine Fahrt zurück in die Vergangenheit und zu den Menschen und Orten, die auch heute noch in Ostfriesland Eisenbahnromantik pflegen und anbieten.

Eine ostfriesische Spezialität, die es so natürlich nur in wenigen Regionen Deutschlands geben kann, sind die Inselbahnen - setzen sie doch zumindest die Existenz von Inseln voraus. Auf den ostfriesischen wurden die ersten Inselbahnen gegen Ende des 19. Jahrhunderts gebaut.

Die Schmalspurlinien besaßen in aller Regel keinen Anschluss an das reguläre Eisenbahnnetz, waren aber wichtig für die wirtschaftliche und touristische Entwicklung der bis dahin meist bitterarmen Eilande.

Neben der üblichen Personen- und Güterbeförderung gab es in den beiden Weltkriegen spezielle Feldbahnen für militärische Zwecke, später kamen auch Bahnlinien hinzu, die nur für den Küstenschutz bestimmt waren. Die meisten dieser Kleinbahnen sind längst stillgelegt. Bis heute ununterbrochen in Betrieb ist dagegen die älteste Inselbahn Deutschlands, die 1879 eröffnete *Borkumer Kleinbahn.*

Sie begann ihre lange Karriere einst als Pferdebahn – denn der Sprung auf die Schiene vollzog sich zu Beginn über das Pferd. Lange bevor Dampf- und später Dieselloks die Bahnwaggons zogen, spannte man ein Pferd vor's Gefährt und zog damit Mensch und Fracht über die Gleise. Dieses kuriose Gespann der frühen Eisenbahngeschichte ist sogar heute noch zu bestaunen: Auf Spiekeroog fährt die letzte ihrer Art in Deutschland, die von 1885 bis 1949 auf der Insel als ganz reguläres Verkehrsmittel genutzt wurde, als Museums-Pferdebahn auf historischer Strecke.

Alles andere als museal sind dagegen die beiden Kleinbahnlinien von Langeoog und Wangerooge, die neben Borkum zu den einzigen *Ostfriesischen Inseln* gehören, auf denen heute die Schmalspurbahnen noch im Linienverkehr unterwegs sind. Mehrmals täglich zuckeln die bunten, technisch und optisch perfekt gepflegten Züge durch die Salzwiesen und bringen Millionen von Touristen jedes Jahr vom Fährhafen in die Hauptorte der Inseln. Sie sind die sympathischen Entschleuniger bei der Ankunft, stimmen auf charmante Weise auf das langsamere Inseltempo ein: Wie gemacht für stress- und zeitgeplagte Existenzen und daher auch nicht nur bei Kindern ausgesprochen beliebt.

Öffentlich nicht zugänglich ist die einzig noch in Betrieb stehende Küstenschutzbahn auf einer Insel. Diese befindet sich auf der unbewohnten ostfriesischen Insel *Minsener Oog,* östlich neben Wangerooge gelegen, und wurde 1925 eröffnet. Ihre Strecke führt heute durch ein Naturschutzgebiet für Seevögel im UNESCO Weltnaturerbe und Nationalpark Niedersächsisches Wattenmeer.

Auch auf dem Festland gab es mehrere Kleinbahnstrecken, etwa die Verbindung zwischen Emden und Greetsiel oder die zwischen Ihrhove und Westrhauderfehn ganz im Süden Ostfrieslands. Sie waren wichtig für Frachtgut, in der ersten Hälfte des 20. Jahrhunderts auch besonders für die vielen Arbeitspendler. Mit dem Aufkommen von PKWs und LKWs verlagerte sich der Verkehr zunehmend auf die Straße, wurden die Linien unrentabel und schließlich eingestellt.

Die stillgelegten Bahntrassen sind mittlerweile attraktive Radwege. Auch der fast 100 Kilometer lange *Ostfriesland-Wanderweg* verläuft in Teilen auf der ehemaligen Kleinbahnlinie, die einst Leer, Aurich und Wittmund miteinander verband. Heute ist die Strecke vor allen Dingen bekannt durch den *Ossiloop,* ein Etappenrennen, das Tausende von Langstreckenläufern jedes Jahr anzieht.

Spurenwechsel: Von der Schmalspurbahn zur Normalspur, von der Kleinbahn zurück zu der „echten" Großen - zur *Ostfriesischen Küstenbahn.* Sie war für gut hundert Jahre das Rückgrat der ostfriesischen Küste. 1883 eröffnet, verband sie die Stadt Norden im Westen mit Sande im Osten und bildete die zentrale Querverbindung der Kleinstädte hinter der Küste wie etwa Hage, Dornum, Esens, Wittmund, Jever und Schortens. „War" muss man sagen, denn auch sie existiert in der Form nicht mehr.

Der westliche Teil wird heute für Ausflugsfahrten und touristische Angebote genutzt. Auf der Original-Strecke kann man dem Geist der Jahrhundertwende vor den beiden Weltkriegen nachspüren und sich wie im berühmten Roman *Das Rätsel der Sandbank* als Agentenjäger fühlen. Als Museumseisenbahn ist die *Küstenbahn Ostfriesland* in den Sommermonaten jeden Sonntag und während vieler Sonderfahrten zwischen Norden und Dornum unterwegs. „Die Fahrkarten bitte!" und los geht's in den „Donnerbüchsen", den musealen Sitzwagen von 1930.

Äußerst erfolgreich betrieben wird die Museumsbahn seit mittlerweile dreißig Jahren von einem Verein leidenschaftlicher und verrückter Idealisten, kurz MKO genannt, die auch ein Eisenbahnmuseum im Norder Lokschuppen betreuen. Zu den Ausflugsfahrten quälen sich die Mitglieder auch bei heißestem Sommerwetter in altehrwürdige blaue Uniformen, setzen die hohe Schirmmütze auf den Kopf und zücken ihre Lochknipser. Dermaßen bewaffnet und natürlich auch mit dem spröden Charme echter Eisenbahner startet die Fahrt mit roter Diesellok und historischen Wagen entlang der alten Eisenbahntrasse.

Ganz anders sieht es im östlichen Teil der Strecke aus. Hier findet ein ganz regulärer, zeitgemäß-moderner Personenverkehr durch die Linie RB59 der NordWestBahn statt, der allerdings Esens nicht mehr wie früher in der Mitte, sondern als Endpunkt seiner Strecke hat, die von Wilhelmshaven/Sande aus startet. Statt eines Museums hat sich Esens einen nagelneuen Bahnhof gegönnt.

Und in der Mitte der ehemaligen *Ostfriesischen Küstenbahn?* Nichts. Das Stück zwischen Dornum und Esens wurde im September 1985 stillgelegt, die Gleise 1986 demontiert und ein Fahrradweg darüber gepflastert. Seitdem ist Ostfriesland ein geteiltes Land – jedenfalls eisenbahntechnisch gesehen.

Von und nach Aurich: Eine kleine Kulturgeschichte des Reisens

Das waren noch Zeiten, als Aurich mit frischen Bohnen um einen Urlaub in Ostfriesland warb: *„Auricher Bohnen“ – ein köstliches Essen zu jeder Jahreszeit“* hieß es im Nachkriegsjahr 1946. In den späten Wirtschaftswunderjahren der Republik hielt der Tourismus Einzug ins flache Land, wurde das Reisen für immer mehr Bevölkerungsschichten möglich und die touristische Infrastruktur entsprechend ausgebaut.

Für Aurich war seine zentrale Lage im Herzen Ostfrieslands schon immer ein Pluspunkt. Die gute Erreichbarkeit aus allen Winkeln des Landes war auch einer der Gründe für *Graf Edzard II.* seine Residenz 1561 von Emden hierher zu legen. Schon zu dieser Zeit gab die attraktive Umgebung der Stadt mit diversen Jagd- und Sommer-Schlösschen manchen Anreiz für eine Reise oder einen Ausflug.

Das Reisen war in früheren Jahrhunderten noch sehr beschwerlich: Man war unterwegs mit einem riesigen transportablen Reiseschrank, einem Ungetüm mit integrierten Schubladen und Kleiderstange, das einer allein kaum wuchten konnte.

Auch das mobile Büro aus den frühen Zeiten des Reisens war um einiges sperriger als unsere heutigen Laptops und Tablets: Denn dafür gab es eigens kleine transportable Möbelstücke wie einen Reisesekretär mit Schreibunterlage und Fächern für die Schreibutensilien Tusche und Feder. Besonders beliebt bei den Damen waren auch große Reisetaschen, die mit feinster Gobelinstickerei aus Perlen verziert wurden.

Touristen erreichten im frühen 20. Jahrhundert per Bahn und über die Hauptstrecke Norddeich-Hamburg-Berlin die Nordseeküste. Auch Aurich war noch bestens für jedermann auf der Schiene zu erreichen. Der Bahnhof von Aurich, ehemals Start- und Endpunkt für eine Zugfahrt nach Emden, ist heute außer Betrieb, die Strecke eingestellt.[10] Doch das prächtige Bahnhofsgebäude von einst kann noch bewundert werden. Es befindet sich mit seiner schmucken Gründerzeitfassade auf dem Gelände des *Gymnasium Ulricianum* direkt bei der *Sparkassen-Arena.*

Aurich verfügte vor etwa hundert Jahren über fünf Hotels. Mit dem direkt an der Bahnhofsstraße gelegenen *Hotel und Restaurant Piqueurhof* wartete ein *„Haus ersten Ranges"* auf die Gäste, wie die Hotel-Werbung aus jenen Tagen preist. Eine Announce aus den zwanziger Jahren des letzten Jahrhunderts weist sogar auf eine *Automobil-Centrale* für die Anmietung eines Leihwagens hin und die Möglichkeit, auch vor Ort beweglich zu bleiben.

Sonst war man angewiesen auf den Omnibus. Über dessen frühe Anfänge gibt ein Zeitungsinserat von 1891 Aufschluss: In diesem ist nämlich erstmals von einem Modell *Omnibus Beckenform* für den Transport von Fahrgästen die Rede. 1888 veröffentlichte der *Posthof Ogenbargen* bereits eine Liste privater Beförderungsanstalten mit Omnibusbetrieb. So startete etwa regelmäßig zweimal die Woche um 7.00 Uhr ein 14-sitziger Omnibus aus Dornum Richtung Aurich, wo er um 9.30 Uhr eintraf. Um 3.30 Uhr nachmittags ging es wieder zurück, planmäßige Ankunft in Dornum um 6 Uhr abends.

Zu dieser Zeit war der Omnibus allerdings noch ein Gefährt, das von Pferden gezogen wurde, quasi eine überdimensionale, nach festem Fahrplan verkehrende Kutsche.

---

[10] Die Strecke verläuft in weiten Teilen parallel zur Bundesstraße 72. Als die Firma Enercon, der bekannte Hersteller von Windenergieanlagen noch Besitzer dieser Strecke war, zogen riesige Windflügel hier spektakulär ihre Bahnen. Doch das ist nun auch vorbei, die Eisenbahnsparte wurde vom Unternehmen verkauft.

Das sah in den Nachkriegsjahren des 20. Jahrhunderts schon ganz anders aus. Da setzte man bereits auf motorisierte Gefährte und den Individualverkehr. Die Deutschen wurden in dieser Zeit zunehmend mobiler und reisefreudiger. Eine Reise an die Nordsee und zu den *Ostfriesischen Inseln,* im Pfadfinderzelt oder mit dem Campingwagen - viele erfüllten sich nun ihren Traum vom Badeurlaub am Meer. Der Massentourismus kam an die Küste Ostfrieslands.

Reiseführer und *Merian*-Hefte, Reiseschreibmaschinen und -radios, modische Badeanzüge, blumige Badekappen oder Sonnenbrillen im schnittigen Schmetterlingsformat gehörten zur typischen Ausstattung für die Sommerferien an der Küste. Vom Urlaub an der Nordsee schickte man bunte Postkarten mit Kühen oder Seehunden nach Hause, man legte Filmrollen in analoge Fotoapparate ein und hielt die ganze Familie und den blauen *Nivea*-Plastikball für das Fotoalbum in der heimischen Schrankwand fest.

Doch das ist jetzt auch schon von Gestern und bereits Geschichte...

4. Herrschaftszeiten: Eine ostfriesische Dynastie

Im nächsten Kapitel wird es herrschaftlich. Denn jetzt dreht sich alles um das alte Häuptlingsgeschlecht der *Cirksena,* das viele Jahrhunderte über Ostfriesland herrschte, bevor es in männlicher Linie ausstarb und alles an Preußen und damit an *Friedrich den Großen* fiel. Es geht um tragische Lieben, grausame Tode, um repräsentative Witwensitze, um einen eiskalten Justizmord, um prachtvolle Residenzen und um die Ausschweifungen des alten Adels. Das volle, pralle Leben eben, das noch für alle Grafen und Fürsten, Herrscher und Herrscherinnen früher oder später im *Mausoleum der Cirksena* endete: in einem der Särge in der „Kapuzinergruft Ostfrieslands“.

Eiskalt erwischt
oder das Ende einer verhängnisvollen Affäre

1491, Winter in Ostfriesland: Ein Ritter läuft in voller Rüstung über den zugefrorenen Wassergraben der *Friedeburg*. Doch dann bricht plötzlich das Eis unter ihm ein. Zu schwer ist das metallene Gewand, das ihn auch jetzt immer weiter unters Wasser zieht und jede befreiende Bewegung unmöglich macht. Alle Hilfeschreie nutzen nichts. Es gibt keine Rettung mehr für ihn. Gefangen in seiner Rüstung ertrinkt der Edelmann jämmerlich im eisigen Nass.

Bei dem Mann handelte es sich um keinen Geringeren als den ältesten Sohn der ersten Regentin Ostfrieslands, der Gräfin Theda. Früh verwitwet hatte sie viele Jahre die Regierungsgeschäfte geführt, diese jedoch immer mehr in die Hand ihres ältesten Sohnes gelegt: Graf *Enno I.*, der edle Ritter auf dem Eis, dessen kurzes Leben mit 30 Jahren so ein unglückliches und jähes Ende nahm. Nur durch seinen frühen Tod kam sein jüngerer Bruder *Edzard* überhaupt an die Macht. Jener *Edzard I.*, der als „der Große" später äußerst ruhmreich in die Geschichte Ostfrieslands eingehen sollte.

Doch zurück zu unserem tragischen Ritter. Was trieb ihn eigentlich so ungestüm aufs Eis? Warum machte er diesen leichtsinnigen und so verhängnisvollen Schritt?

Ganz am Anfang des Unglücks steht eine wilde Liebesgeschichte. *Engelmann von Horsten,* ein Adliger aus Westfalen, hatte sich unsterblich in die jüngste Schwester *Ennos* verliebt. *Almuth* war mal eben 25 Jahre jung als *Engelmann* im Herbst 1490 die Komtesse während eines Spaziergangs mit ihrer Zofe in Aurich entführte. Wobei *Entführung* vielleicht nicht ganz das richtige Wort ist, denn glaubt man den historischen Quellen, war diese zumindest „einvernehmlich".

Die „Entführte“ hatte als Aussteuer ihren Familienschmuck dabei und war auch sonst ihrem Entführer sehr zugetan. Der zog sie rasch auf sein Pferd und im gestreckten Galopp ritt er mit ihr gen Osten zur dreißig Kilometer entfernten *Friedeburg,* deren Drost er zu diesem Zeitpunkt war. Soweit, so romantisch.

Doch *Almuths* Mutter war nicht bereit, dieser unstandesgemäßem Beziehung den Segen zu geben. *Theda* verhandelte mit dem unerwünschten Schwiegersohn und als das nichts half, belagerte sie die *Friedeburg.* Ihr Sohn *Enno* war zu dieser Zeit gerade auf dem Rückweg von einer Pilgerreise ins Heilige Land. Dort war er in Jerusalem am *Heiligen Grab* zum Ritter geschlagen worden. Wäre er doch nur eine Weile noch in der Ferne geblieben! Bereits auf dem Heimweg nach Ostfriesland, in Groningen, erfuhr er von der Freveltat des Drosten. Es war nun seine erste und oberste Pflicht, die Schwester aus den Händen des vermeintlichen Entführers zu befreien. *Almuth* hatte ihrem Geliebten stets versichert, dass ihr Bruder mit einer Heirat einverstanden sei. Das war aber ganz und gar nicht der Fall.

Vollkommen entrüstet, aber unglücklicherweise noch in seiner Rüstung, reitet der junge Graf am 19. Februar 1491 vor die *Friedeburg* und stellt *Engelmann von Horsten* zu Rede. Doch erfolglos. Als der Drost sich wieder zurück in die Burg begibt, folgt *Enno* ihm übers Eis. Ein folgenreicher Schritt, der sein tragisches Schicksal besiegeln sollte...

Die Friedeburg *wurde schließlich von Gräfin* Theda *gestürmt. Ihre unfolgsame Tochter* Almuth *verbrachte den Rest ihres Lebens in Haft. Dort starb sie gut dreißig Jahre später, 1522,* unbeweint und vergessen, *wie es heißt.*

Gar grausam war des Grafen Tod: Von der Sonne geblendet

<●●○○○○○○>

Es fing ganz friedlich an, doch sollte tödlich enden: Am 15. April 1628 war die *Burg Berum* Schauplatz eines der tragischsten Ereignisse, das in der Geschichte Ostfrieslands überliefert ist. Der junge Graf von Ostfriesland, *Rudolf Christian,* noch nicht ganz drei Jahre in Amt und Würden, war vom Regierungssitz in Aurich herüber gekommen zu der belagerten Burg. Es war mitten im *Dreißigjährigen Krieg.*

Ostfriesland war neutral in diesem Konflikt, aber wieder einmal hatten sich fremde Truppen den Landstrich abseits der Konflikte als Quartier genommen. Dieses Mal waren es die kaiserlichen Truppen unter *Tilly,* die in Ostfriesland einzogen. Ihr Oberst Graf *Gallas* machte die *Burg Berum* zu seinem Hauptquartier und verlangte von Ostfriesland sogenannte *Kontributionen,* um den Aufenthalt des Heeres zu finanzieren.

Graf *Rudolf Christian* begab sich also an jenem Tag in Begleitung seines jüngeren Bruders *Ulrich* sowie einiger Hofangestellter nach Berum in die alte Häuptlingsburg, um auf dem Verhandlungswege die künftigen Zahlungsverpflichtungen Ostfrieslands an die Besatzer möglichst niedrig zu halten. Dort wurde man von Graf *Gallas* auf das Freundlichste empfangen: Vormittags gab es zunächst ritterliche Übungen und Belustigungen draußen, gegen Mittag dann ein köstliches Festmahl drinnen. Hier nahm das Unglück wohl seinen Lauf.

Wie vermutet wird, hatte der junge Graf nach der Sitte der Zeit nicht nur gut gegessen, sondern wohl auch etwas zuviel getrunken. Denn wie damals üblich, wurde an Wein nicht gespart: Das Ganze artete aus in einem wilden Zechgelage.

Jedenfalls kam es schon kurz nach dem Essen bei einem Würfelspiel zu einem Geplänkel zwischen dem Grafen, der seinen

Hofjunker in Schutz nahm, und einem Hauptmann der kaiserlichen Armeen. Graf *Rudolf Christian* reagierte äußerst hitzig, die anwesende Gesellschaft konnte ein Duell zwischen den beiden gerade noch verhindern.

Doch nur für kurze Zeit. Denn nur wenig später begaben sich der Hofjunker von *Rudolf Christian,* wohl auf Anweisung seines Herrn, und der Hauptmann aus dem Heer *Gallas'* auf eine Wiese vor die Burg und lieferten sich ein Gefecht. Der Hauptmann verlor dieses, allerdings nur mit einer kleinen Verwundung.

Mittlerweile hatten sich jedoch immer mehr von *Gallas'* Soldaten vor der Burg eingefunden, zunächst als Schaulustige, später aber auch als Beteiligte, die vermutlich die Niederlage des Hauptmannes rächen wollten. Das Blut eines jeden geriet immer mehr in Wallung und so entwickelte sich aus einer kleinen persönlichen Auseinandersetzung – fast wie im Western – eine große Schlägerei oder besser Degenfechterei, bei der wahrscheinlich keiner mehr genau wusste, womit eigentlich alles mal angefangen hat. Graf *Gallas* wollte Ruhe in dieses Chaos bringen und schickte ein Kommando von 30 Mann unter der Führung eines Leutnants namens *Thomas Streif* zur Wiederherstellung der Ordnung.

Der merkt erst gar nicht, wie er mitten im Gedränge plötzlich dem Herrn des Landes persönlich gegenübersteht. Graf *Rudolf Christian* fühlt sich von *Streif* nicht entsprechend seines Amtes gewürdigt. Es kommt zunächst zu einem Wortgefecht, doch erhitzt wie die Stimmung zu dem Zeitpunkt war und so heißblütig der junge Graf, unweigerlich auch zu einer Auseinandersetzung mit den Waffen. Was jetzt passierte beschreiben Historiker so:

Als der Graf gegen ihn den Degen zieht, weicht er [Leutnant Streif] zurück bis an einen Graben. Dort bleibt er, seinen eigenen Degen vorgestreckt, in Abwehrstellung stehen. Der Graf, dem die Sonne ins Gesicht scheint, will auch jetzt noch auf ihn eindringen und rennt sich den Degen ins linke Auge, und das mit solcher Gewalt, daß die Spitze sich am Schädelknochen krumm biegt. Wie man den zurück Taumelnden auffing, war keine Hilfe mehr. Noch ein paar Stunden rasenden Schmerzes und banger Sorge und in der Morgenfrühe des 16. April war Rudolf Christian *von Ostfriesland ein toter Mann.*[11]

Bei seinem Tod war *Rudolf Christian,* der als Hoffnungsträger für eine bessere Zeit auf den Thron Ostfrieslands gekommen war, noch nicht mal 26 Jahre alt. Der Alkohol und seine jugendliche Hitzigkeit sind ihm wohl zum Verhängnis geworden - und die ostfriesische Sonne, die ihn blendete. Nachfolger auf dem Thron wurde sein Bruder *Ulrich,* der auf diese Aufgabe vollkommen unvorbereitet war, wie er später selbst zugab. Vom Alkohol hat Graf *Ulrich II. von Ostfriesland* aber später auch nicht lassen können. Das tragische Schicksal seines Bruders, dessen Augenzeuge er immerhin war, war ihm in dieser Hinsicht keine Mahnung.

Rudolf Christian hat nur kurz regiert, doch Bleibendes hinterlassen, nämlich das gräfliche Wappen, das er 1626 in seiner endgültigen Form einführte. Es zeigt auf sechs Feldern die Wappen der ostfriesischen Häuptlingsfamilien, in deren Nachfolge sich die Grafen und später dann auch die Fürsten von Ostfriesland sahen. Das gräfliche Wappen von *Rudolf Christian* war noch bis 1744 gültig, bis zur Übernahme Ostfrieslands durch die Preußen, und hatte damit noch weit mehr als hundert Jahre nach seinem frühen Tod Bestand.

[11] Quelle: Reimers P. Dr. In: Was das alte Berumer Schloß erzählt, Heim und Herd, 1922

Justizmord in Wittmund: Ein Graf macht schnellen Prozess

<●●●○○○○○>

Er wurde mit dem Schwert enthauptet und nachts in aller Eile in Wittmund einfach verscharrt: *Johann von Marenholz.* Sein Fall ging als Justizmord in die ostfriesische Geschichte ein. Die Frauen waren sein Schicksal, so sah er es, als er im Alter von nur 34 Jahren zum Tode verurteilt wurde. Vor allen Dingen war es aber brutale und knallharte Machtpolitik, auf dessen Altar der hochrangige Regierungsbeamte am 21. Juli 1651 geopfert wurde. Denn es ging um nichts weniger als die Herrschaft über Ostfriesland.

Ein Bild existiert leider nicht mehr von *Johann von Marenholz,* dafür aber die Überlieferung dieser unglaublichen Geschichte:

Nach seinem Studium in Rostock, Groningen und Paris kehrt der begabte *von Marenholz* in seine Heimat Ostfriesland zurück und wird dort der Hofmeister des jungen Grafen und Thronfolgers *Enno Ludwig.* Zur standesgemäßen Ausbildung des künftigen Herrschers geht es an den Hof der niederländischen Nachbarn nach Den Haag.

Seine Erziehungs- und Bildungsaufgaben bringen ihn in Kontakt mit *Elisabeth von Ungnad.* Die ehemalige Geliebte des Grafen von Oldenburg ist wieder zurück in den Schoss ihrer Familie nach Ostfriesland gekehrt und hat sich dort am Hof von Aurich mit der Hessin *Juliane von Ostfriesland* angefreundet, der Gattin des amtierenden Regenten *Ulrich II.* Nach 1640 gesellt sich zu dem Damenduo dann *Johann von Marenholz.* Der eher ostfriesisch herb veranlagte Graf Ulrich findet absolut kein Gefallen an dem galanten Freundeskreis seiner Frau: *„Ich mag den Marenholz nicht“*, soll er gesagt haben.

Dieser war *„wolgestallt, sprachsam, höflich, guten Verstandes, hatte einige doch nicht sonderliche Wissenschaft, redete Französisch“* wie sich ein Zeitgenosse, Geheimrat *Reinhold Bluhm,* später erinnert. Von *Marenholz* heiratet 1646 die Hofdame *Elisabeth von Ungnad,* doch Graf *Ulrich* ist der Kontakt zu seiner Gattin *Juliane* wohl ein wenig zu eng und nicht ganz geheuer. Er entlässt ihn als den Hofmeister seines Sohnes und befördert ihn beruflich zum Drosten und damit Amtmann von Berum, aber gleichzeitig auch ein wenig ins räumliche Abseits. Seiner Gattin spendiert er in genau entgegengesetzter Richtung, nämlich östlich von Aurich, in der Sandhorst, ein neues Lustschloss zu ihrem Vergnügen. Ende 1648, am 1. November, stirbt Graf *Ulrich II.*

Die Witwe *Juliane* ist 42 Jahre und bestens versorgt. Ihr verstorbener Ehemann hat sie in einem Testament, an dem auch *von Marenholz* mitgewirkt hat, großzügig ausgestattet, und sie auch zum Vormund ihrer noch unmündigen Söhne gemacht. Diese schickt sie zur weiteren Bildung weit fort von Aurich. Sie übernimmt an Stelle des noch zu jungen Thronfolgers *Enno Ludwig* die Regierungsgeschäfte und macht *von Marenholz* sogleich zu ihrem Minister. Alle im Land – das Volk, die Räte in Aurich, die Standesvertretungen in Emden – sind empört. Diese Hessin auf dem Thron! Unfähig der politischen Geschäfte und dann noch das Ehepaar *von Marenholz* als ihre Berater: er von altem Lüneburger Adel, sie von böhmischer Herkunft. Welch eine gefährliche *Menage à Trois* aus Fremden, die über Ostfriesland herrscht!

Juliane und ihre beiden Ratgeber verlegen den Regierungssitz aus der Stadt nach *Schloss Sandhorst.* Dort sind sie ungestört vor allen Anfeindungen und können sich ganz auf die neue Aufgabe, das Regieren des Landes konzentrieren – oder in vollen Zügen ihr Leben genießen und *„ungestört dem süßen Leben frönen“.* Schließlich handelt es sich ja um ein Lustschloss. Die Gerüchteküche brodelt.

Damit ist 1651 ganz plötzlich Schluss. Im Handstreich entreißt ihr der älteste Sohn *Enno Ludwig* am 11. Mai nach fast drei Jahren die Regierungsgeschäfte. Was dann folgt, ist ein Rachefeldzug und Familiendrama ohne Beispiel:

Enno Ludwig, zu diesem Zeitpunkt erst 18 Jahre alt, lässt den Geheimrat *Johann von Marenholz,* den langjährigen Berater und

Vertrauten seiner Mutter, verhaften, in einem Schauprozess zum Tode verurteilen und am 21. Juli 1651 in Wittmund mit dem Schwert enthaupten.

Was muss er den Hofmeister, Erzieher und Begleiter seiner Jugendjahre gehasst haben, um sich so brutal an ihm zu rächen? Wie sehr muss er seine Mutter verachtet haben? Für den Schnellprozess und seinen abschreckenden Ausgang fehlt jedenfalls jede rechtliche Handhabe und Grundlage. Das Verfahren gegen *von Marenholz* findet unter Ausschluss der Öffentlichkeit statt, der Richter ist gleichzeitig der Ankläger, das zusammengewürfelte Gericht tagt nicht in ordentlicher Sitzung, sondern auch privat und bei Nacht.

Nur unter Androhung von Folter und der Aussicht auf Gnade wird dem Angeklagten das entscheidende Geständnis abgepresst, mit der Gräfin von Ostfriesland ein außereheliches Verhältnis gehabt zu haben. Die Exekution wird nur drei Tage nach dem Urteil und unter Ausschluss der Öffentlichkeit durchgeführt. Er wird auf dem Saal der Burg zu Wittmund enthauptet. Auch nach den Maßstäben der damaligen Zeit sind das absolut irreguläre Maßnahmen, die *Enno Ludwig* später einen langjährigen Prozess beim Reichshofrat eintragen wegen Rechtsmissbrauchs.

Die Hinrichtung des *Johann von Marenholz* war auf jeden Fall ein politischer Mord. Auch wenn Zeitgenosse *Bluhm* in der Erinnerung an seine Zeit am Hofe dem Verurteilten auch durchaus ein Stück persönliche Mitschuld gibt: *„Sein Glück würde ihn wol gesuchet haben, hätte er nicht die Armuth so sehr gescheuet, dass er sagte: Er müste ein reiches Weib haben, hätte sie gleich nur ein Auge! Diß Lockbrod hat ihn in Unglücks-Stricke gezogen."*

Die Mutter von Johann von Marenholz *konnte auf kaiserlichen Befehl aus Wien ihren Sohn ein Jahr später wieder in Wittmund ausgraben lassen. Der Enthauptete wurde in feierlicher Prozession im Familiengrab in der* Sankt-Ansgari-Kirche *von Hage ein zweites Mal bestattet.*

Im Schlosspark Wittmund erinnert noch heute die „Marenholter Apfelwiese“ an ihn. Denn einer anderen Legende zu Folge trug als Zeichen seiner Unschuld jedes Jahr ein bestimmter Apfelbaum besonders viele blutrote Äpfel, wie er es selbst kurz vor seiner Hinrichtung vorhergesagt haben soll. Die Menschen erkannten darin ein Gotteszeichen und pflanzten die Kerne im ganzen Land. So kommt es, dass bis heute der „Marenholzer Apfel“ – auch bekannt als „Roter Eiserapfel“ – in Ostfriesland ausgesprochen verbreitet ist.

Barocke Pracht: Spieglein, Spieglein an der Wand

<●●●●○○○>

Definitiv auch die Schönste im ganzen Land war die frühere Schlossanlage von Berum. Sie gehörte mit ihrer prächtigen barocken Innenausstattung zu den wohl repräsentativsten Residenzen, die Ostfriesland im 18. Jahrhundert zu bieten hatte. Das war vor allem das Verdienst von Fürstin *Christine Charlotte*, die als junge Witwe 1665 mit zwanzig Jahren für ihren gerade erst geborenen Sohn *Christian Eberhard* die vormundschaftliche Regentschaft übernahm.

Lange 25 Jahre sollte die Prinzessin aus dem Hause Württemberg und geboren in Stuttgart die Regierungsgeschäfte Ostfrieslands führen. Das tat sie ganz im Geiste des Absolutismus, der sie in ständigen Konflikt mit den ostfriesischen Ständen brachte. Zum üblichen Selbstverständnis des Adels jener Zeit gehörte die opulente und repräsentative Ausstattung der Regierungssitze. Auch wenn *Christine Charlotte* natürlich nicht die Möglichkeiten eines Sonnenkönigs von Frankreich hatte, so baute sie doch mit großem Engagement das *Schloss Berum*, ihren späteren Witwensitz, aus.

Als die bisherige Bewohnerin des Berumer Schlosses, *Justine Sophie*, Prinzessin *Barby* und Witwe des Fürsten *Enno Ludwig*, 1677 starb, zog *Christine Charlotte* von der *Manninga*-Burg in Pewsum, die immer dann von den Witwen der *Cirksena* bewohnt wurde, wenn Berum belegt war, um. Da das *Schloss Berum* aber zu klein für sie und ihren Hofstaat war, musste sie, die bis 1690 auch über Ostfriesland regierte und viele ihrer Amtsgeschäfte von hier erledigte, den Schlossbau erweitern. So erhielt das bisher dreiflügelige Gebäude einen vierten Flügel zur Südseite. Seit 1680 erhob sich in Berum daher ein rundum zum Viereck geschlossener Bau, drei Stockwerke hoch, direkt aus einem ihn von allen Seiten umgebenen inneren Wassergraben.

Der Zugang auf das Schlossgelände führte nicht mehr durch den wehrhaften Nordturm der Vorburg, sondern durch ein barockes Hoftor, das heute noch steht. Es ist mit den Wappen Baden-Württembergs und den Initialien von *Christine Charlotte* geschmückt: zwei ineinander verschränkten „C"s, wie sie Jahrhunderte später *Coco Chanel* ebenfalls zu ihrem Markenzeichen machte.

Wir haben heute einen recht guten Eindruck davon, wie prachtvoll man damals am Hofe lebte. Das liegt vor allen Dingen daran, dass aus dieser Zeit zwei Inventare vorhanden sind, Bestandslisten von Einrichtung, Mobiliar und Gemälden. Das eine wurde nach dem Tod *Christine Charlottes* 1699 erstellt. Beim anderen handelt es sich um eine Beschreibung der gesamten Burganlage, die im Sommer 1735 verfasst wurde. Die Historikerin *Gretje Schreiber* aus Norden kennt sich bestens mit den beiden Inventaren aus, gilt als eine der profundesten Kennerinnen der überlieferten Schriften zur barocken Anlage. Was sie berichten kann und was in den Quellen über das *Schloss Berum* belegt ist, geben ein anschauliches Bild von der Eleganz und Farbenpracht jener Tage.

Weit über 50 Säle und Räume gab es im *Schloss Berum*, einige davon sind sogar mit Namen überliefert: So gab es beispielsweise die *„FürstinnSchlafCammer, „Beste Audience"* oder *„Ihre Durchl. deß Fürsten Audience"*. Besonders prächtig waren die Räume ausgestattet, zu denen die Öffentlichkeit Zugang hatte: So schmückte ein Fußboden mit einer reichen Vertäfelung exotischer Hölzer den Audienzsaal der Fürstin.

In der Mitte war wieder das Wappen ihrer Heimat eingearbeitet und in den vier Ecken auch das doppelt geschlungene „C" wie bereits beim Barocktor beobachtet. Ein beliebtes Motiv der Fürstin, wie es scheint. Denn das finden wir auch in der sogenannten *Blumenkammer*, einen Raum, den *Christine Charlotte* selbst bewohnte. Dessen Wände waren mit sieben kostbaren Gobelins geschmückt, die oben und unten eingerahmt waren von Blumenstreifen.

Auf die Wandgestaltung legte man überhaupt viel Wert. So waren Wände des Schlosses mit kostbar bemaltem Stoff bespannt oder mit Holz aufwendig getäfelt. Berühmt waren auch die vergoldeten Ledertapeten, die zu dem Besten gehörte, was Ostfriesland in diesem Metier zu bieten hatte. Wertvolle Gemälde, prächtige Spiegel und riesige Wandteppiche schmückten ebenfalls die Wände. Dazwischen zogen kunstvoll gestaltete Kamine die Blicke auf sich. Wandbilder von riesigen Ausmaßen – 15 Fuß in der Höhe und bis zu 26 Fuß in der Breite – beeindruckten in den repräsentativen Räumen die Besucher. Sehr viel Gold war überall zu sehen: als Rahmen der vielen Gemälde und Spiegel, als Verzierung von Öfen und Kaminen oder als Vergoldung von Stühlen und Tischen. Darüber hinaus dekorierten Fayencen und Porzellane aus Delft oder China, türkische Teppiche, mit rotem Samt überzogene Spieltische, eiserne Öfen und Kachelöfen die Zimmer. Eine einzige Pracht!

Von den oberen Räumen des Schlosses wie auch vom Burgwall soll man einen fantastischen Blick über das baumlose Land und die Marsch bis zu den weißen Dünen von Norderney gehabt haben, berichten Augenzeugen von damals. In Tagebuchaufzeichnungen des Auricher Hofes kann man 1728 die Bezeichnung *„Byram am See"* entdecken. Auch *Christine Charlotte* konnte von ihrer *Bel Étage* im dritten und obersten Geschoss des Schlosses wohl einen herrlichen Blick auf die Umgebung bis zur weiten Nordsee genießen. Den Ausbau des Barockgartens hat sie allerdings nicht mehr erleben dürfen.

Den ließen ihr Enkel Fürst *Georg Albrecht* und seine erste Frau *Christine Louise* 1712 vom fürstlichen Gartenbaumeister *Christoph Schöthing* anlegen. Laut einem Reisebericht aus der damaligen Zeit sollen sich in dem Garten *„zwölf schöne Statuen, von denen acht aus Blei gegossen, die übrigen aus Sandstein gefertigt sind"*, befunden haben. Das Baujahr der Anlage ist auf den Pfeilern des Gartentors vermerkt wie auch die Beschriftung *„Sans Regret" (Ohne Reue).*

Der Garten war 130 mal 190 Meter groß. Nach den historischen Berichten war er im Norden von einer Mauer eingefasst und an den restlichen Seiten von einem Graben, *„den wieder eine schöne Allee von Linden, Eiben und Erlenbäumen umgibt"*.

Anfang des 18. Jahrhunderts entfaltete sich das *Schloss Berum* den Besuchern in seiner ganzen Pracht. Der gesamte herrschaftliche Komplex umfasste das dreistöckige Schloss in der Mitte, zwei Wassergräben, den großen Wall und die Vorburg im Westen, den Barockgarten mit der Orangerie, eine Reitbahn und Pferdeställe. Mit der ganzen Herrlichkeit war es dann 1744 auf einen Schlag vorbei.

Durch das Aussterben der männlichen Linie im Herrschergeschlecht der *Cirksena* fiel Ostfriesland an Preußen und damit an *Friedrich den Großen*, der weit entfernt in Berlin sich nicht sonderlich für seine Besitztümer in Ostfriesland begeisterte und mit deren Abriss oder Ausverkauf begann.

Der nördliche Teil der Vorburg ist jedoch bis in die heutigen Tage erhalten geblieben. Man kann in der denkmalgeschützten Burg Berum *in Hage stilvoll übernachten. Ebenfalls anzumieten ist die* Orangerie des Barockgartens von Schloss Berum. *Sie ist noch im Original zu bewundern, auch die sie umgebene Mauer, die Gräben und Alleen sowie das Eingangstor mit seinen zwei wuchtigen Pfeilern. Sie ist die älteste noch erhaltene Orangerie in Norddeutschland und im Privatbesitz.*

In der Publikation „Burg Berum. Bauliche Entwicklung und Ausstattung" (2020) von Hajo van Lengen, Hermann Schiefer und Gretje Schreiber ist die Geschichte der Anlage mit vielen Illustrationen und Grundrisszeichnungen dargestellt.

Der schöne Schein des alten Adels oder Aurich leuchtet

<●●●●●○○>

Illuminationen sind nicht eine Erfindung unserer Zeit. Wenn *Tido* Graf *zu Inn- und Knyphausen* heute zur *Illumina* in den Schlosspark seiner *Lütetsburg* lädt, dann setzt er im modernen Gewand eines Open-Air-Events auf alte Traditionen höfischer Kultur. Denn der Adel tauchte zu besonderen Anlässen seinen Besitz gerne in funkelndes Licht: *„Die Illumination sind gewisse nach den Regeln der Baukunst und Perspective ausgesonnene Stellungen der Leuchter, Lampen und Fackeln."* So steht es geschrieben in der *Einleitung zur Ceremoniell-Wissenschaft der grossen Herren*, die ein gewisser *Julius Bernhard von Rohr* 1733 herausgegeben hat. Illuminationen sollten die Wirkung einer höfischen Lustbarkeit noch erhöhen. Groß in Mode kamen sie im 18. Jahrhundert. Ein Trend, der auch an der Residenzstadt Aurich nicht vorbeiging.

Zu dieser Zeit herrschten die *Cirksena* als Fürsten über Ostfriesland. Der Auricher Schlossbezirk war noch im ursprünglichen Zustand: In der Mitte befand sich die sogenannte *Averborg*, ein dreigeschossiger Bau mit quadratischem Grundriss und mächtigen Ecktürmen. Die zentrale Burg war von einem hohen Wall und insgesamt drei Gräben umgeben. Es gab einen barocken Lustgarten, die *Julianenburg*, eine Fasanerie, eine Orangerie und sogar eine eigene Reitbahn.

Es ist nicht mehr viel übrig geblieben von der prächtigen und weitläufigen Schlossanlage. Heute steht noch der *Marstall*, ein lang gestrecktes Gebäude mit Arkaden. In dem einstigen Pferdestall sitzt unter anderem die Oberfinanzdirektion von Niedersachsen. Im 18. Jahrhundert residierten in der feudalen Anlage jedoch Fürst *Georg Albrecht von Ostfriesland* nebst seiner Gattin *Sophie Karoline*.

Wie man damals am Hof lebte, betete und feierte, das lässt sich ganz wunderbar in einem Buch von *Martin Jhering* über das *Hofleben in Ostfriesland* nachlesen.

Zu Ehren von *Sophie Karoline* wurde im Jahre 1728 im Auricher Schloss eine große Geburtstagsparty geschmissen, wie man wohl heute sagen würde. Am 31. März wurde die Fürstin aus Brandenburg-Kulmbach, die bereits mit 18 Jahren nach Ostfriesland heiratete, 23 Jahre alt. Da der Fürst erkrankt war, wurde erst ein paar Tage später gefeiert: Am 10. April begann schließlich die Feier, die zwei Tage dauern sollte. Dabei verlief die Festlichkeit in den Bahnen einer streng gesetzten Etikette innerhalb derer sich die ganze Pracht des Hofes entfalten sollte: „*Sie war Selbstdarstellung der höfischen Gesellschaft in einer illusionären Scheinform der höfischen Lebensgestaltung*", so beschreibt es *Martin Jhering*. Der absolutistische Souverän sollte durch die fast überirdische Darstellung des Schönen in seiner Umgebung dem Makel des Gewöhnlichen entrückt werden.

Und was ist schöner als magisch erleuchtete Zimmer im Kerzenschein, funkelnde Leuchter an prächtigen Decken, strahlendes Licht, wo sonst nur Dunkelheit herrscht? Hier nochmals der eingangs erwähnte Zeremonienmeister *Julius Bernhard von Rohr*: „*Fallen Galla-Tage bey Hofe ein, so wird bey denselben Solennitäten die Pracht der Meublen noch weit mehr vergrößert, da zeigen sich allenthalben, sonderlich aber in den Paradezimmern, goldene und silberne Pretiositäten, an Tischen, Spiegeln, …, Cronleuchtern, Wandleuchtern ü.s.f.*"

In größter Galla wurde das Geburtstagsfest der ostfriesischen Fürstin abgehalten. Nach einem umfangreichen Tagesprogramm begab sich das Fürstenpaar um halb acht Uhr zum Festdiner in den großen Schloßsaal. Die gesamte engere höfische Gesellschaft Aurichs, 40 Personen waren gesetzt, versammelten sich um die Haupttafel mit den Regenten.

Ganz im Stil der Zeit war als Tischdekoration auf der Tafel eine Art französischer Garten *en miniature* nachgebildet. Köstliche Früchte und Süßigkeiten zum Naschen waren zu einem breiten Wall aufgeschichtet, der sich um den Garten auf der Tischdecke zog. Selbst sprudelnde Tischbrunnen durften nicht fehlen und belustigten die Gäste.

Das Besondere an dem eleganten Festdiner in Aurich war jedoch die Illumination, die an den Fenstern des Saales aufgehängt war. Dabei handelte es sich um zwölf oval geformte und eigens angeleuchtete Kartuschen, die Motive und Sinnsprüche aus Natur und Kosmos zeigten: eine so genannte *Emblematische Illumination*. Sonne, Mond, Bäume und Weinstöcke wurden gerne als Motive für die beleuchteten Hintergrundinszenierungen genommen. So auch beim Auricher Fest. Man war auf der Höhe der Zeit. Beispielsweise wurde 1724 zum Geburtstag des englischen Königs *Georg I.* im Hamburger Theater eine Illumination mit Emblemen aufgeführt. Auch von den Illuminationen des Wiener Hofes ließ man sich in Aurich inspirieren.

Ein weiterer Höhepunkt der Geburtstagsfestlichkeiten war das *Scheibenschießen* bei nächtlicher Kerzenillumination. Dazu öffnete man im Schloss weit ein Fenster und die Gesellschaft blickte auf einen beleuchteten Garten, dessen *„gantze Gegend wohl beleuchtet"* war. Drei Scheiben waren als Ziele für die Schützen gestellt. Von diesen Scheiben liefen über den Schlossgraben hinweg *„gegen das Zimmer zu bey 200 Lampen in dreyfacher Reihe gesetzt"*. Das Schießen übernahmen ausschließlich die galanten Herren. Die gewonnenen Trophäen überreichte man(n) der holden Damenwelt. Der erste Preis ging – wer hätte es gedacht – an das Geburtstagskind *Sophie Karoline*.

Für das nächtliche Geburtstagsschießen hatte man sich aber noch etwas ganz Einmaliges ausgedacht: In der Mitte der Scheiben befand sich ein Nagel, der bei jedem erfolgten Treffer Raketen, Böller und Feuerwerkskörper, die auf einer speziellen Feuerwerksarchitektur im Garten installiert waren, zum Starten brachte.

Martin Jhering beschreibt es noch genauer:

„Das pyrotechnische Prinzip dabei war, mit Hilfe von Feuerfontänen die Umrisse der Aufbauten als brennend erscheinen zu lassen. Im Hintergrund des erleuchteten Monogramms (der Fürstin) *sowie der Pyramiden, Figuren und Statuen zerstoben gen Himmel Raketen und Schwärmer, über dem Boden kreisten Feuerräder und parterre machten so genannte Lustkugeln Sprünge."* Auch ein Wasserfeuerwerk dürfte es gegeben haben, denn von Augenzeugen werden *„wasser Katzen"* in einem Tagebuch erwähnt.

Die Kombination des illuminierten Scheibenschießens mit einem Feuerwerk war wohl eine Innovation des ostfriesischen Hofmarschalls in Aurich. Der besaß um 1730 sogar eine Handakte mit *„dabei befindlichen Reglements, Verordnungen und Beschreibungen des Feuerwerks und der Illumination."* Feuerwerke, festliche Lichter und Kerzenflackern faszinieren die Menschen bis heute. Es gibt aber einen wesentlichen Unterschied gegenüber früher. Was einst dem Adel und höchsten Gesellschaftsschichten vorbehalten war, steht heute jedermann gegen Eintritt frei: ein beleuchteter Schlosspark mit Licht- und Klangfantasien wie in Lütetsburg beispielsweise. Wir erleben die Demokratisierung der Illumination.

Carl Edzard, der letzte Fürst von Ostfriesland: War es doch Mord?

Kalte Buttermilch soll es gewesen sein, die zum Ende der fast 300 Jahre währenden Herrschaft der Cirksena über Ostfriesland führte. Danach verlangte es jedenfalls den letzten Fürsten, *Carl Edzard,* als er nach langem Fußmarsch am 16. Mai 1744 in seiner Sommerresidenz, dem Jagdschloss Wilhelminenholz in Sandhorst bei Aurich, ankam. Dort wartete bereits seine Frau Wilhelmine Sophie auf ihn, die vier Tage zuvor eine Fehlgeburt erlitten hatte. Die Hoffnung auf einen Thronfolger hatte sich damit für beide zerschlagen.

Nach diesem Besuch und dem Genuss der Buttermilch fühlte Carl Edzard sich nicht gut. Sein Zustand wurde nicht besser, anfangs wohl auch nicht ernst genommen. Was dann geschah, schildert ein Chronist:

Der Arzt vermuthete, daß der Fürst sich durch starkes Spazierengehen erhitzet und durch den Genuß kalter Buttermilch geschadet habe. Erst des Abends am 24. Mai fand er die Unpäslichkeit des Fürsten bedenklich, wie sich erst ein gelindes frostiges Zeichen und Schaudern ohne alle äußerliche Kälte, und bald darauf Convulsionen einstellten. An dem folgenden Tage hatte der Arzt die beste Hoffnung und sah auch keine Gefahr mehr ein, wie ein zurückgetretener Ausschlag und Geschwulst der Hände wieder zum Vorschein kamen. Am Abend des folgenden Tages fanden die Convulsionen sich wieder ein. Auf einmal richtete sich der Fürst aufrecht in dem Bette auf, fiel in horizontaler Lage nieder und verlohr die Sprache, Begriffe und Empfindung. Dies geschah in einem Augenblick gegen 11 Uhr. Vor zwölf Uhr erfolgte schon das selige und sanfte Ende dieses guten Fürsten. (Tileman Wiarda, 1798)

Noch vor Mitternacht des 25. Mai 1744 war es also geschehen um den ostfriesischen Regenten, der noch nicht einmal 28 Jahre alt wurde. Ob es tatsächlich die Buttermilch war, die zu seinem Fieber, den Krämpfen und schließlich zum Tod führte, sei dahingestellt. Immerhin lagen zwischen dem Trinken des Glases und seinem Sterben neun Tage. Bis heute hält sich der Verdacht, dass der letzte Fürst Ostfrieslands keines natürlichen Todes starb, sondern sein Ableben gezielt herbeigeführt wurde, durch Gift etwa. Beweisen lässt sich dieses letztendlich nicht mehr. Doch ein Verdacht wird immer bestehen bleiben.

Ein Leben unter dem Damoklesschwert

Denn es gab nicht wenige, die ein großes Interesse an einem frühen Ende von *Carl Edzard* hatten, möglichst bevor er männliche Nachkommen in die Welt setzt. Die Furcht vor diesem Ausgang hat sein ganzes Dasein geprägt. Auf dem Einzelkind *Carl Edzard* ruhten alle Hoffnungen für den Fortbestand der Monarchie. Er musste weiterleben, überleben und - männliche - Nachkommen zeugen. Seine Frau hat er sich auch nicht selbst ausgesucht. Das war eine vorausschauende Entscheidung seiner Stiefmutter, *Caroline von Ostfriesland,* die ihm die Tochter ihrer ältesten Schwester schon früh als zukünftige Ehefrau präsentierte. Gerade mal sechzehn Jahre alt, wurde er mit *Prinzessin Sophie Wilhelmine von Brandenburg-Kulmbach-Bayreuth,* der zwei Jahre älteren Stiefcousine aus Süddeutschland, verlobt. Am 25. Mai 1734 wurde dann in der ostfriesischen Burg Berum eilig geheiratet. Sein Schicksalstag: Genau an diesem Tag, zehn Jahre später, sollte er sterben.

Nur drei Wochen nach seiner Hochzeit, am 12. Juni 1734, verstarb sein Vater, *Fürst Georg Albrecht. Carl Edzard* war noch nicht ganz achtzehn Jahre alt und der regierende Fürst von Ostfriesland. Der große und leicht korpulente junge Mann aus Aurich hatte noch nicht viel gesehen von der Welt. Er hatte keine Kavaliersreise gemacht oder im Ausland studiert wie sonst üblich in seinen Kreisen. Selbst die größte Stadt seines eigenen Herrschaftsgebiets, das immer etwas widerspenstige Emden, hat er zeitlebens nie betreten, sondern nur von außen gesehen. Bei seinem Amtsantritt war er zu jung und zu unerfahren, um sich den Entwicklungen entgegenzustemmen, die das Ende der Cirksena-Herrschaft über Ostfriesland besiegeln sollten.

Viele und mächtige Gegner

Seit 1694 gab es bereits eine vom *Kaiser Leopold I.* verbriefte Anwartschaft Preußens auf Ostfriesland, für den Fall, dass die männliche Linie des Herrschergeschlechts der *Cirksena* aussterben sollte. Nun sah man seine Zeit gekommen, diesen Anspruch umzusetzen und sich Ostfriesland einzuverleiben. In der Stadt Emden, dem Widerstandsnest der „Renitenten", keimte Hoffnung auf neue Unabhängigkeit vom ostfriesischen Hof. Als gefährlichster Widersacher der Cirksenas sollte sich jedoch *Sebastian Anton Homfeld* erweisen. Der Anwalt der ostfriesischen Landstände plante einen regelrechten Feldzug gegen die Cirksena. Schon früh knüpfte der gut vernetzte Auricher zu Preußen enge Bande, weilte bereits 1724 in Berlin, um mit diesen zu konspirieren und weitere Schritte für eine mögliche Machtübernahme Preußens zu besprechen. Er war ein Agent der Preußen, der ganz *gezielte „Untergrundarbeit" im Sinne Preußens machte,* so sein Biograf Stefan Pötzsch.[12]

Er bereitete mental, in Emden wie auch bei den ostfriesischen Ständen, den Boden für das Ende der Cirksena-Herrschaft und eine preußische Übernahme. Bereits 1742 übermittelte *Homfeld Friedrich II.* den Entwurf für eine Konvention, in der die Emder dem Preußenkönig die Gefolgschaft zusagten, wenn er im Gegenzug unter anderem ihre alten Ständerechte und damit eine große Unabhängigkeit wieder gelten ließe. Die *Emder Konvention* wurde am 14. März 1744 von beiden Parteien unterschrieben.

---

[12] Die ausführlichen Biografien von Stefan Pötzsch über Carl Edzard von Ostfriesland sowie Anton Homfeld sind auch online im Biographischen Lexikon der Ostfriesischen Landschaft (www.ostfriesischelandschaft.de) nachzulesen.

Man hatte für die Machtübernahme schon alles in der Schublade. Interessant dabei: Bereits im März 1744 lagen Besitzergreifungspatente vor, die mit dem Aussterben des Hauses Cirksena begründet wurden. Zwei Monate vor dem überraschenden und mysteriösen Tod des regierenden *Fürsten Carl Edzard* und seiner zu diesem Zeitpunkt schwangeren Frau. Hat man vielleicht doch ein bisschen nachgeholfen, so kurz vor dem Ziel? Ein Mann mit wenig Skrupel scheint *Homfeld* jedenfalls gewesen zu sein, glaubt man seinem Biografen. Der beschreibt ihn als *„einen überragenden, arbeitsamen Juristen … und einen Meister der Diplomatie"*, aber eben auch als einen *„Intriganten, einen korrupten … Politiker und Beamten."*

Mit Sicherheit eine tragische Figur

Der *Fall Carl Edzard von Ostfriesland* – er wird wohl nie mehr zu klären sein. Fest steht aber: Er war „*ein Kind ohne Kindheit, ein Landesherr ohne Macht.* […] *Schon früh dazu verurteilt, möglichst bald von der politischen Bühne zu verschwinden."* Nochmals sein Biograf Stefan Pötzsch: *„Er war sicherlich einer der unglücklichsten Figuren in der ostfriesischen Geschichte."*

Nach dem Tod des Fürsten ging es jedenfalls ganz schnell. Von Emden ausgehend, wurde Ostfriesland ohne Widerstand von den Preußen besetzt. Am 23. Juni 1744 huldigte das Land der neuen Krone. Ostfriesland war von nun an eine preußische Provinz.

Kapuzinergruft Ostfrieslands: Das Mausoleum der Cirksena

In einer Gruft waren sie tatsächlich alle einmal begraben, die Herrscher von Ostfriesland. Doch die stand ständig unter Wasser und bevor alles endgültig vermoderte, baute man den Regenten von einst ein prachtvolles Mausoleum in Aurich. Dort, in einem Rundbau aus massivem Backstein, haben sie über zwei Stockwerke verteilt ihre letzte Ruhestätte gefunden: das *Who is Who* der *Cirksena*, die über Jahrhunderte die Häuptlinge, Grafen und Fürsten von Ostfriesland stellten. Egal ob einst katholisch, evangelisch-reformiert oder lutherischen Glaubens – im Tode sind sie nun allesamt vereint, quasi hinter Schloss und Riegel gesetzt für alle Ewigkeit.

Die beiden prächtigsten Zinnsärge des Familiengrabes befinden sich im Zentrum des Rundbaus. Sie sind besonders aufwendig gearbeitet mit großen Eckfiguren, kunstvoll gedrehten Halbsäulen und dicken Blumengirlanden. In diesen Prunksärgen ruhen zwei Frauen. In dem linken Sarg liegt die auch im wahren Leben stets auf Repräsentation bedachte Regentin *Christine Charlotte*. Sie hatte über Ostfriesland 25 Jahre lang im absolutistischen Sinne geherrscht und war 1699 gestorben. Nur ein Jahr später folgte ihr die Schwiegertochter *Eberhardine Sophie*, die in einem fast identischen Sarg rechts neben ihr ruht. Das kostbare Gewand, in dem sie beerdigt wurde, ist aufwendig restauriert worden und kann heute im *Historischen Museum Aurich* bewundert werden.

1588 hatte die dem lutherischen Glauben anhängende Grafenfamilie entschieden, ihr Erbbegräbnis zu verlegen. Der erste Herrscher der *Cirksena*, der nicht im reformierten Emden, sondern im lutherischen Aurich seine letzte Ruhestätte erhielt, war 1599 Graf *Edzard II. von Ostfriesland*.

Der neue fürstliche Begräbniskeller wurde unter der *Lamberti*-Kirche eingerichtet. Dort wurden im Laufe der folgenden Jahrhunderte bis ins Jahr 1750 insgesamt 46 Särge bestattet, darunter 15 Kindersärge und 31 Särge von erwachsenen Personen. Insgesamt acht regierende Grafen und Fürsten und zwei vormundschaftliche Regentinnen wurden hier feierlich beerdigt. Dies sagt uns eine alte Holztafel aus dem Jahre 1832, die mit den handschriftlichen Namen, Geburts- und Sterbedaten aller Bestatteten späteren Generationen eine genaue Bestandsliste der alten Gruft lieferte. Die schwarze Tafel ist erhalten geblieben und befindet sich heute im Eingangsbereich des neuen Mausoleums.

Die beeindruckende Zahl von zehn ehemaligen Machthabern über Ostfriesland war somit an einem einzigen Ort versammelt, der allerdings zunehmend feuchter wurde. Laut historischen Quellen aus dem Jahr 1866 *„hat die schlechte Beschaffenheit des letzten Gewölbes, der Mangel an Raum und Luft, das Grundwasser, welches zu gewißen Zeiten des Jahres oft 2 Fuß hoch stieg, wesentlich dazu beigetragen, das Zerstörungswerk, namentlich an den Holzsärgen, nur noch zu beschleunigen."*

Es musste dringend etwas geschehen! Und so beschloss und baute man von 1875 bis 1880 ein ganz neues Mausoleum für das alte Herrschergeschlecht. Diesmal nicht eine unterirdische Gruft, sondern eine oberirdische Grab- und Gedenkstätte, die der Bedeutung des mächtigsten Herrscherhauses Ostfrieslands angemessen war: Rund 17 Meter in der Höhe, zweigeschossig mit einer Rundhalle, die von einem Kranz aus tiefen Backsteinnischen umgeben und von einer Kuppel gekrönt ist. Ein massiver Zentralbau erhebt sich seitdem über dem Friedhof von Aurich.

Mit Erschütterung stellte man nach Fertigstellung des Neubaus 1880 fest, dass von den 46 Särgen des alten Kirchenkellers in der *Lamberti*-Kirche nur noch elf Särge transportfähig waren. Alle anderen Särge waren mittlerweile zerfallen, korrodiert, zerbröselt und mit ihnen ihr Innenleben. Weitere sieben Leichname waren erhalten, mussten jedoch in neue Särge umgebettet werden. Alle restlichen Knochenteile in den Särgen und weitere im alten Gewölbe noch gefundene Gebeine wurden in zwei neuen Sammelsärgen zusammengelegt. Die namentliche Zuordnung fällt hier naturgemäß schwer. Es gilt jedoch als sehr sicher, dass einer der Schädel aus den beiden Sammelsärgen der ostfriesischen Gräfin und Königstochter *Katharina Wasa*, Prinzessin von Schweden, zuzuordnen ist.

„Die Überführung der Särge aus dem Gewölbe der Kirche konnte erst, nachdem die erforderlichen neuen Särge angefertigt waren, ... stattfinden, sie geschah in der Stille der Nacht in würdiger Weise", berichten Augenzeugen aus jener Zeit.

Insgesamt waren es also 20 Särge, die 1880 ihren neuen Platz im neuen Mausoleum einnahmen: 18 in den Backsteinnischen oben und unten sowie die zwei Prunksärge in der Mitte. Da stehen sie heute noch, sorgfältig in den achtziger Jahren restauriert, und mit ihnen eine kleine Truhe aus poliertem Holz: die *Emder Truhe*. Diese kam erst sehr viel später dazu. Denn in ihr befindet sich das, was nach dem Bombenangriff auf Emden 1944 an Überresten von der ehemaligen und älteren Grablege der reformierten *Cirksena* nach der kompletten Zerstörung der *Großen Kirche* in Emden übrig geblieben war. Diese hatten bereits die uralten Gebeine ihrer noch älteren katholischen Vorfahren aus dem zerstörten *Kloster Marienthal* bei Norden in ihrer Kirche aufgenommen – unter anderem die des ersten ostfriesischen Grafen *Ulrich I.* und seiner Frau *Theda*.

In der kleinen Truhe und in den 20 Särgen, in der Rotunde aus rotem Backstein in Aurich sind sie also nun alle wieder vereint. Losgelöst von Zeit und Raum bündelt sich im ehrwürdigen *Mausoleum der Cirksena* das jahrhundertealte Andenken an sämtliche Grafen und Fürsten Ostfrieslands. Und nur hier. Einen anderen

Ort des zentralen Gedenkens an das einst so mächtige ostfriesische Herrschergeschlecht gibt es nirgendwo anders.[13]

Aus Sicherheitsaspekten und klimatischen Gründen ist das Auricher *Mausoleum der Cirksena* an normalen Tagen geschlossen. Es ist aber im Rahmen einer Führung zugänglich. Dann öffnen sich die Türen und Gitter dieses prachtvollen Familiengrabes, das in ganz Ostfriesland seinesgleichen sucht. Die Kapuzinergruft der Ostfriesen kann zudem auch an besonderen Tagen im Jahr wie dem *Tag des offenen Denkmals* besichtigt werden.

---

[13] Viele Details zu den einzelnen Särgen, ihrer Gestaltung und Inschriften und ihrem Zustand im Laufe der Jahrhunderte liefert ein kleines Buch mit dem Titel: „Das Mausoleum zu Aurich. Die letzte Ruhestätte der Cirksena." Der Autor Dr. Hermann Freese gibt zudem einen ausführlichen Überblick über die Begräbnisse sämtlicher Mitglieder aus dem gräflichen und fürstlichen Hause der Cirksena sowie über den Bau des Mausoleums. Das Buch ist im Historischen Museum in Aurich erhältlich (ISBN 3-928 160-08-7, 1995).

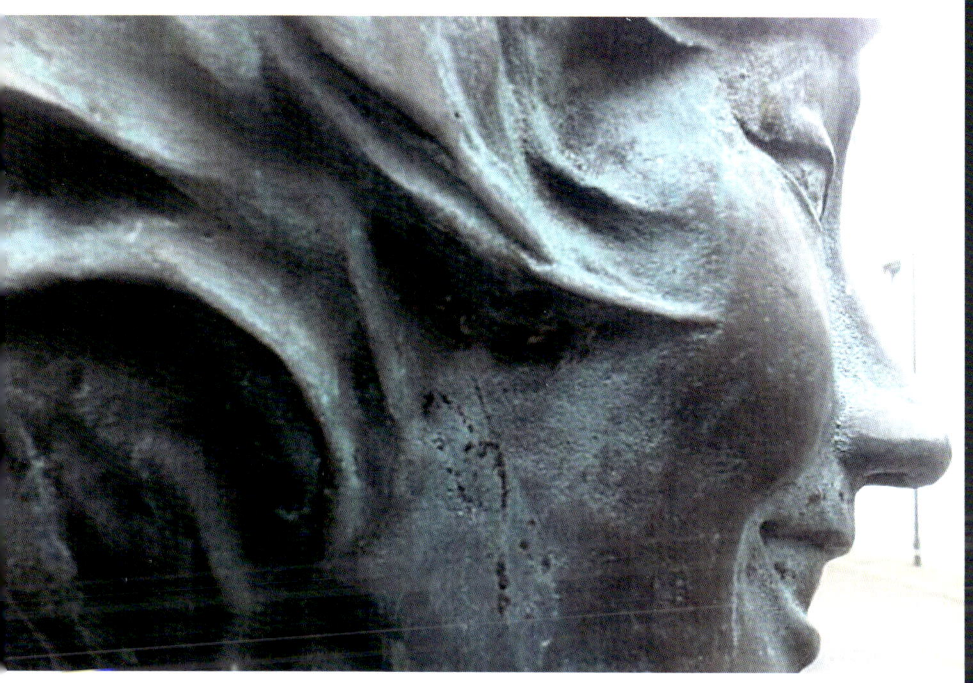

5. Klangvolle Namen der Vergangenheit

Nach den Preußen waren es die Franzosen, die für kurze Zeit regierten und damit die Bienen als nationales Symbol ins Land brachten, denn für die hatte *Napoleon* ein ganz besonderes Faible. Nicht ganz so prominent, aber nicht weniger bedeutend für die Wissenschaft waren Vater und Sohn *Fabricius,* die Entdecker der Sonnenflecken. Völlig unbekannt war lange Zeit die Ostfriesin *Hermine Heusler-Edenhuizen*, die Frauengeschichte schrieb. Mit *Lale Andersen* fand dagegen ein Weltstar ein neues Zuhause auf einer ostfriesischen Insel. Auch die Schnapsbrennerei *Doornkaat* und die Küstenfunkstelle *Norddeich Radio* wecken viele Erinnerungen – beide sind heute Geschichte.

Ostfriesland und Napoleon, Kaiser der goldenen Bienen

<●OOOOOOO>

Es war nicht die Lilie, nein, es war eine Biene, die plötzlich in der Symbolik des Landes ganz oben stand: Unter *Napoleon* wurde sie zum Wappentier des neuen französischen Reiches und damit - wenn auch nur sehr kurz - ebenfalls zur zentralen tierischen Symbolfigur in Ostfriesland. Denn das stand ab 1806 unter französischer Herrschaft, seit 1810 als *Department de l'Ems oriental (Department östlich der Ems),* und musste wohl nicht nur bei Militär, Steuern und Verwaltung, sondern auch in symbolträchtigen Dingen wie kleinen Wappentieren dem neuen Herrn Folge leisten.

Doch wie kam *Napoleon Bonaparte* eigentlich auf die Biene? Der gallische Hahn oder ein Elefant waren auch in der Diskussion als der Staatsrat zur Krönung des jungen Kaisers 1804 nach neuen Insignien der Macht suchte. Die sollten sich vor allen Dingen von dem vorherigen Herrschergeschlecht, den Bourbonen, und ihrer allgegenwärtigen Lilie unterscheiden. Da erinnerte man sich an ein Grabmal der ersten Königsfamilie des Frankenreiches, den Merowingern. Der Grabschatz des Königs *Childerich I.*, der 1653 im belgischen Tournai gefunden wurde, enthielt fast dreihundert goldene Bienen. Mit der Wahl der Biene zur Symbolfigur konnte die neue Dynastie an die Anfänge der Nation anknüpfen.

Ein Gedanke, der *Napoleon* sehr zusagte, so dass er seine anfänglichen Bedenken wegen der rein weiblichen Führung im Bienenstaate fallen ließ. Denn sie stehen auch als Sinnbild für „eine Republik, die einen Chef hat". Bereits in Mittelalter und Renaissance hatte man in der Bienengesellschaft ein für die Menschen perfektes soziales Modell gesehen.

1263 schrieb *Brunetto Latini* bereits über einen *Bienenkönig*:

„Die Bienen führen eine Hierarchie in ihr Volk ein und behalten eine Unterscheidung zwischen dem einfachen Volk und der Gemeinschaft der Bürger. Sie wählen ihren König. […] derjenige, der als König gewählt wird und Herr über alle wird, ist derjenige, der am grossten, am schönsten ist und das beste Leben führt. […] Aber wenn er auch König ist, sind die Bienen völlig frei und besitzen eine uneingeschränkte Macht: aber der Gute Wille, den ihnen die Natur geschenkt hat, macht sie dennoch liebenswert und ihrem Herrn gehorsam. […] Die Bienen lieben ihren König so sehr und mit solcher Treue, dass sie der Meinung sind, es sei gut zu sterben um ihn zu schützen und zu verteidigen."

Für die Krönungszeremonie *Napoleons* und seiner Frau *Joséphine* am 2. Dezember 1804 in der *Nôtre-Dame de Paris* wurde die majestätische Biene dann geradezu exzessiv eingesetzt. Die Mäntel und Schleppen des selbstgekrönten Kaisers und seiner höchsten Würdenträger waren mit goldenen Bienen bestickt, ebenso Teppiche, Vorhänge und Banner. Niemandem außer dem kaiserlichen Hofstaat und einigen handverlesenen Offizieren war es gestattet, das Symbol zu tragen.

Eine *Bonne ville de l'Empire français* (*Gute Stadt des französischen Imperiums*) gehörte im Frankreich des *Napoleon I.* zu den Städten „erster Ordnung" und durfte gemäß den neuen Vorschriften zur Wappenkunde drei Bienen im roten Schildhaupt tragen. Das französische Mainz war beispielsweise eine der von *Napoleon* so geadelten Städte. Wenn sich also irgendwo in Ostfriesland noch kleine Bienchen an historischen Decken und Gebäuden tummeln, dann stammen sie bestimmt aus dieser kurzen Epoche ostfriesischer Geschichte.

Im November 1813 übernahm der König von Preußen wieder das Ruder in Ostfriesland. Vorbei war es mit den goldenen Bienen. Doch der Adler als weitere zentrale Figur im französischen Wappen blieb erhalten. Denn auch die Preußen in Berlin setzten auf den Greifvogel. Statt auf goldenes Gefieder wie noch unter *Napoleon*, blickten die ostfriesischen Untertanen fortan auf ein mächtiges Wappentier in schwarz.

Die kleinen Bienchen hatten in der französischen Heraldik nur einen kurzen Frühling. Nach dem Sturz *Napoleon I.* wurden sie abgeschafft und auch später nie mehr wieder eingeführt.

David Fabricius:
Ein leuchtender Stern am Astronomenhimmel

<●●○○○○○>

Noch heute erzählt man sich in seiner Heimat die Geschichte vom berühmten Gelehrten und Pastor, der mit den Größten seiner Zeit korrespondierte, spektakuläre Entdeckungen am Himmel machte und schließlich mit einem Torfspaten von einem Gemeindemitglied erschlagen wurde. Den hatte er in öffentlicher Predigt zuvor des Diebstahls einer Gans verdächtigt und damit anscheinend gehörig in Wallung gebracht. *David Fabricius* hätte es eigentlich besser wissen müssen.

Denn sein persönliches Horoskop sagte für diesen Tag Schreckliches voraus. So blieb er auch vorsichtshalber zu Hause. Erst am Abend ging er zu einem Spaziergang vor die Tür. Ein großer Fehler. Nur ein paar Meter und dann schlug der Zornige zu...

Am 17. Mai 1617, nach heutigem gregorianischen Kalender, starb einer der größten Astronomen Europas und einer der vielseitigsten Naturforscher seiner Zeit. Zuhause war er mit seiner Familie in Ostfriesland: Nach einer kurzen Station im Flecken Resterhafe bei Dornum lebte er ab 1604 in einem kleinen Ort zwischen Marienhafe und Norden, mit einem der größten Sakralbauten der Region: die *Warnfried-Kirche* in Osteel.

Dieser stand *David Fabricius* bis zum tragischen und jähen Ende seines Lebens als Pastor einer evangelisch-lutherischen Gemeinde vor. Genau hier machte er seine vielen astronomischen Beobachtungen, nebenberuflich und fernab der damaligen Hochburgen der Wissenschaft.

Ein Amateur-Astronom in der tiefsten Provinz, der bahnbrechende Entdeckungen machte, aber nie den ganz großen Ruhm einsteckte wie etwa ein *Johannes Kepler*, dem späteren astrologischen Berater *Wallensteins*, mit dem er unablässig über naturphilosophische und astronomische Fragen korrespondierte.

David Fabricius entdeckte den ersten veränderlichen Stern (Mira Ceti), sogar einen ganz neuen Stern (Nova von 1604) und schließlich gemeinsam mit seinem Sohn *Johann* 1611 die Sonnenflecken. Darüber hinaus zeichnete er die erste, vermessungstechnisch korrekte Karte Ostfrieslands (1589). Er schrieb mehrere Bücher zur Landeskunde seiner Heimat und ferner Länder. In seinem *Calendarium Historicum* erfasste er über einen Zeitraum von 27 Jahren die Wetterphänomene seiner Zeit, ein einmaliges historisches Dokument der Meteorologie.

David Fabricius stand in regem Kontakt mit den wissenschaftlichen Größen seiner Zeit: mit dem dänischen Astrologen *Tycho Brahe* und dem berühmten *Johannes Kepler*. Von der Korrespondenz mit *Kepler* sind heute 49 Briefe erhalten, die alleine schon 400 Buchseiten füllen würden. Wobei Briefe eine wahre Untertreibung ist. Regelrechte wissenschaftliche Abhandlungen haben die beiden miteinander ausgetauscht. „Es gibt keine Person, mit der *Kepler* ausführlicher korrespondiert hat“, betont *Menno Folkerts*, Professor für die Geschichte der Naturwissenschaft an der Universität München.

Der Astrologe von Jahresprognosen und Horoskopen

Den Fabricius-Experten *Folkerts* beeindruckt vor allen Dingen die große Vielfalt seines Schaffens. *„Entsprechend der Sitte seiner Zeit, hat* Fabricius *auch Kalender und Jahresprognostiken, das heißt Vorhersagen für das kommende Jahr, verfasst. Sie enthalten Angaben über Lauf und Stellung von Sonne, Mond und Planeten und geben, darauf aufbauend, an, welches Wetter und welche wirtschaftlichen, politischen und sonstigen Ereignisse im nächsten Jahr zu erwarten sind. Erhalten sind sechs Prognostiken.“* Aus der letzten, dem *„großen Schreib Calender“* für 1618, der lange als verschollen galt und von

Folkerts wiederentdeckt wurde, ist auch das bis dahin unbekannte Todesdatum seines Sohnes zu entnehmen und die Trauer über den plötzlichen Verlust:

„Mein Sohn Johannes, der die Medizin und die mathematischen Wissenschaften sehr studiert hat und der meine Arbeiten fortsetzen sollte, ist auf seiner Reise nach Basel, wo er in Medizin promovieren wollte, am 10. Januar 1617 in Dresden kurz nach seinem 30. Geburtstag gestorben. Dies hat mir und meinen Studien einen merklichen Stoß versetzt und mich zu denselbigen ganz unlustig gemacht."

David Fabricius glaubte an den großen Einfluss der Planeten und ihrer Konstellationen auf die Witterung und auf das Geschehen auf der Erde. Er war ein Astro-Meteorologe. *Günther Oestmann*, ein Bremer Historiker und Experte zur Geschichte der Astrologie und Chronometern, erläutert: „Der Himmel war für *Fabricius* ein aufgeschlagenes Buch, um im Willen Gottes zu lesen, die Astrologie eine *göttliche Kunst*." Auch die Erstellung von persönlichen Horoskopen war für ihn eine ernstzunehmende Angelegenheit, denn im Gegensatz zu heute war die Astrologie zur damaligen Zeit in der Gesellschaft sehr anerkannt. Sie setzte eine tiefe Kenntnis der Astronomie, der Regeln der Mathematik und auch des Lateinischen voraus, das die internationale Wissenschaftssprache darstellte. Im Gegensatz zur Astronomie war die Astrologie jedoch eine Arbeit, die man mit Zirkel und Lineal vom Schreibtisch aus erledigte. Hierbei ging es nicht um die Beobachtung des Sternenhimmels, sondern um die Interpretation von Planetenkonstellationen und Sternbildern an einem bestimmten Ort, einem bestimmten Tag und zu einer bestimmten Stunde. Nichts anderes als „Stundenschau" bedeutet „Horoskop" denn auch in seiner wörtlichen Übersetzung.

Der erste Kartograf Ostfrieslands

Die frühen Ostfrieslandkarten von *David Fabricius* waren lange Zeit unbekannt. Viel verbreiteter waren die späteren Karten von

Ubbo Emmius, dem Gründer der Universität Groningen. Dabei ist *David Fabricius* der erste, der eigene Erhebungen und astronomische Positionsbestimmungen vorgenommen hat, wodurch seine Karten für ihre Zeit ausgesprochen genau waren. Bereits seine älteste Karte aus dem Jahr 1589 zeichnet sich durch ihre relativ genaue Darstellung des Küstenverlaufs und durch eine Fülle von Detailinformationen aus. Sie wurde erst 1962 in einem Antiquariat in Göttingen wiederentdeckt.

Das Original befindet sich heute im Ostfriesischen Landesmuseum in Emden. Es ist das einzige Exemplar dieser Karte, das noch erhalten ist und dementsprechend ein wohlgehüteter Schatz, der nur ganz selten öffentlich gezeigt wird.

Der Schriftsteller von Heimat- und Reiseliteratur

Kurios ist noch ein anderes Talent des Universalgenies *David Fabricius*. Obwohl er in seinem Leben nicht viel gereist ist, hat er historische Schriften über West-Ostindien (1612) sowie Island und Grönland (1616) verfasst.

Dabei handelt es sich um kleine Reisebeschreibungen der fernen Regionen, für die er spanische, französische, italienische und holländische Reiseberichte aus dem 16. Jahrhundert nutzte. Auch die Übersee-Aktivitäten in den benachbarten Niederlanden dürfte er genau beobachtet haben, etwa die Gründung der „Vereinigten Ost-Indischen Kompanie" (1602). Zur heimatlichen Landeskunde hat er ebenfalls beigetragen und eine ostfriesische Chronik verfasst (1606).

Der Meteorologe und Verfasser des *Calendarium Historicum*

Fabricius besaß eine große Bibliothek, astronomische Instrumente und jede Menge Manuskripte seiner wissenschaftlichen Arbeiten. Nichts davon hat sich erhalten, mit einer Ausnahme: sein Tagebuch. Laut *Folkerts* wurde es im 18. Jahrhundert auf einer Auktion angeboten. Heute befindet sich das mehr als vierhundert

Jahre alte *Calendarium Historicum* im Staatsarchiv Aurich. Die bibliophile Kostbarkeit diente ursprünglich einem belgischen Kloster als Sterberegister, verfügte aber ganz praktisch über 32 linierte Zeilen pro Seite: maßgeschneidert für 31 Tage eines Monats! Die Einträge von *Fabricius* in sein Tagebuch sind persönlicher Natur, in einem Gemisch aus niederdeutsch und lateinisch verfasst. Die meisten von ihnen betreffen Witterungsvorgänge.

David Fabricius gehört zu den ersten Personen in Europa, die über einen längeren Zeitraum Wetterbeobachtungen durchgeführt und aufgezeichnet haben. Daher ist das *Calendarium Historicum* ein wahrer Schatz für die Historiker unter den Meteorologen, so auch für *Cornelia Lüdecke*, einer Professorin aus München. Die Eintragungen im *Calendarium Historicum* reichen von März 1586 bis Januar 1613. Auch wenn es einige Lücken gibt, vor allem in den Jahren 1586 - 1589 und 1591 - 1592, ist es ein einmaliges Dokument, das genauestens das Wetter in Ostfriesland um 1600 festhält.

Lüdecke fasziniert der Sprachreichtum mit dem *Fabricius* seine Beobachtungen der Wetterlage festhielt. Denn wir befinden uns in der „vorinstrumentellen Zeit". Thermometer, Barometer und andere Messinstrumente waren noch nicht erfunden. Es blieben oft nur Worte: *„Des Morgens ebene Wolken zum Regen entwickelt"* etwa.

Inhaltsanalysen des gesamten Tagebuches zeigen, dass *Fabricius* 175 verschiedene Bezeichnungen für Frost und Kälte fand. Auch für die etwas wärmeren Tage im Jahr war er ein kreativer Meister der Wortfindung: *„feinwarm"* heißt es da an einem Sommertag. Allein für die Windstärke finden sich im Tagebuch 66 verschiedene Bezeichnungen. Die Aufzeichnungen von *Fabricius* dokumentieren auch die *Kleine Eiszeit* in Europa. Es gibt sehr unterschiedliche Ausschläge in den fast 27 Jahren der Dokumentation, mal wärmere Jahre, dann wieder kältere. Aber insgesamt zeigt sich, dass die Sommer in Ostfriesland damals nicht so ausgeprägt waren wie heute.

Laut der *Ostfriesischen Landschaft* arbeitet eine Expertengruppe daran, das Tagebuch von *David Fabricius* zu transkribieren, ins Hochdeutsche zu übersetzen und auch zu kommentieren. So werden wir bald noch mehr Details über das Leben eines Menschen erfahren, der zu den wichtigsten Naturwissenschaftlern seiner Zeit gehörte, und dem nun endlich nach vierhundert Jahren die Aufmerksamkeit zukommt, die er verdient.

Eine historische Figur von bedeutendem Gewicht

Es gibt kein Bild von *David Fabricius*. Auch das Denkmal, was ihm und seinem Sohn zu Ehren am Ort seines Wirkens vor der uralten Kirche in Osteel errichtet wurde, zeigt nicht ihn, sondern die Muse aller Astronomen: *Urania*. Die griechische Göttin, die sonst einen Himmelsglobus und einen Zeigestab in ihren Händen hält, ist hier dargestellt mit Fernrohr und einer steinernen Sonne - natürlich mit Flecken auf der Scheibe.

David Fabricius, am 9. März 1564 in Esens als Sohn eines Schmieds geboren, starb im Alter von 53 Jahren. Der alte julianische Kalender nennt statt den 17. den 7. Mai 1617 als Todestag, nur vier Monate nach dem frühen Tod seines Sohnes *Johann*.

Wo genau *Fabricius* begraben wurde, ist unbekannt. „Möglicherweise sogar in der Nähe des heutigen Denkmals" wie *Folkerts* vermutet. Nach seinem Tod musste seine Familie die Pastorenwohnung in Osteel verlassen, über ihr Schicksal weiß man nichts.

Folkerts hat noch eine ganz überraschende Information im Gepäck: „Auch wenn wir nicht wissen, wie er aussah, so haben wir recht genaue Angaben von seinem Gewicht." Das hat er mit einem Eintrag vom 1. April 1612 und im Alter von 48 Jahren in seinem *Calendarium Historicum* ganz genau festgehalten. Es ist eine ungewöhnliche und auch ungemein persönliche Auskunft einer historischen Figur, die uns *David Fabricius* nochmals als Mensch sehr nahebringt. Übersetzt ins Hochdeutsche heißt es da:

„In Emden auf der Waage mich wiegen lassen und befunden worden 187 Pfund (...). Ich habe vorher meine Kleider abgewogen auf 14 Pfund, bin also nackend 173 Pfund."[14]

[14] Quelle: Ostfriesische Landschaft, Oll'Mai: Jubiläumsveranstaltung zum 400. Todestag von David Fabricius, 13. Mai 2017, Osteel. Vorträge und Gespräche mit den Referenten.

Johann Fabricius: Entdecker der Sonnenflecken

<●●●○○○○>

Als das Teleskop in den Niederlanden erfunden wurde, war das 1608 ein technologischer Meilenstein für die Astronomie. Ausgerechnet im feuchten Ostfriesland wurde mit dem neuen Instrument durch *Johann Fabricius* eine der größten Entdeckungen zur Sonne gemacht. Ein junger Mann von nur 24 Jahren, der am 27. Februar 1611 in Osteel zum ersten Mal in der Weltgeschichte Sonnenflecken beobachtete und dieses auch publizierte. Noch ihm gleichen Jahr veröffentlichte er seine Beobachtungen und gilt damit als ihr „wahrer Entdecker".

Einer ihrer Entdecker muss man wohl korrekt sagen. Denn neben seinem Vater *David Fabricius* ist dieses den Astronomen *Galileo Galilei*, *Christoph Scheiner* und *Thomas Harriot* fast zeitgleich oder sogar ein wenig früher an anderen Orten auch gelungen. *Johann Fabricius* war aber der erste, der diese Entdeckung für die Wissenschaftswelt der damaligen Zeit schriftlich festhielt. Und das zählt bis in alle Ewigkeit.

„De Maculis in Sole observatis, et apparente earum cum Sole conversione, Narratio etc." heißt sein kleines Druckwerk. Es erschien in Wittenberg und ist 22 Seiten lang. Eine darin enthaltene Widmung für den ostfriesischen Grafen *Enno III.* ist auf den 13. Juni 1611 datiert. *Johann Fabricius* schildert in dem Buch seine Entdeckung mehrerer unterschiedlich großer, dunkler, auf der Sonne haftender Flecken. Aus ihrer Wanderung im Beobachtungszeitraum schloss er, dass sich die Sonne um ihre Achse drehe. Seitdem ist die Sonne nicht mehr so makellos wie sie nach antiker Weltsicht sein sollte.

Obwohl ihn der große Astronom *Johannes Kepler* als Erfinder der Sonnenflecken anerkannte, geriet seine Leistung in Vergessenheit, und wurde auch von seinen Konkurrenten später einfach ignoriert.

Denn *Johann Fabricius* starb jung, gerade mal dreißig Jahre alt, und vollkommen unerwartet am 10. Januar 1617 (20. Januar nach heutigem Kalender) auf einer Reise von Wittenberg nach Basel – in Dresden. Er wie auch sein nur vier Monate nach ihm verstorbener Vater konnten sich nicht mehr um die Reputation ihres Werkes kümmern.

Am 8. Januar 1587 geboren war *Johann Fabricius* das Älteste von acht Kindern. Er genoss eine sehr gute Schulbildung, besuchte mehrere Universitäten im In- und Ausland. Obwohl Medizinstudent, war er wie sein Vater ein begeisterter und begabter Astronom und Astrologe. Wie vom Vater, existiert auch von *Johann Fabricius* kein Bild, das uns eine Vorstellung gibt von diesem Ausnahmetalent der frühen Astrophysik.

Vermutlich hatte er das neuartige Teleskop in seiner Zeit als Student im niederländischen Leiden erworben. Im kleinen ostfriesischen Ort Osteel, gestern wie heute äußerst abseits der Wissenschaftsmetropolen gelegen, wurde also mit der damals fortschrittlichsten Technologie, die der Astronomie zur Verfügung stand, gearbeitet. *Menso Folkerts*, Professor für Geschichte der Naturwissenschaft, erläuterte dem *Deutschlandfunk* die Zusammenarbeit zwischen Vater und Sohn:

„Die Entdeckung der Sonnenflecken ist eigentlich von beiden gemeinsam gemacht worden, allerdings ist der Sohn die Person gewesen, der in der Lage war, das Fernrohr zu benutzen. Seine Publikation ist im Jahr 1611 erschienen, in Wittenberg. Es ist die erste Publikation überhaupt über die Sonnenflecken. Leider ist dieses Buch nicht sehr stark gelesen worden. Man hätte es lesen können, jedenfalls die Wissenschaftler. Es ist natürlich auf Latein geschrieben, und das war die übliche Sprache damals."

Das ostfriesische Wetter zur damaligen *Kleinen Eiszeit* – äußerst herb, feucht und mit viel Nebel in den kühleren Jahreszeiten – war für Vater und Sohn ein großes Glück. Der diesige Himmel wirkte wie ein Filter beim steten Blick durch das Teleskop in die Sonne. Sie wären sonst womöglich erblindet. Die beiden machten ihre Sonnenbeobachtungen mit dem Fernrohr zunächst ohne Schutz der Augen. Später benutzen sie eine Art Lochkamera, die das Sonnenbild in einem verdunkelten Zimmer durch eine enge Öffnung auf einem Bogen Papier auffing.

Heute wissen wir, dass Sonnenflecken dunkle Stellen auf der sichtbaren Sonnenoberfläche (Photosphäre) darstellen, die kühler sind und daher weniger sichtbares Licht abstrahlen als der Rest der Oberfläche. Sie sind auch ein Maß für die Sonnenaktivität unseres Zentralgestirns, die einem Elfjahres-Zyklus unterliegt und das Klima auf der Erde wie Wassertemperaturen und Niederschlag beeinflusst.

Mit den zwei Generationen *Fabricius* und deren fast zeitgleichem Tod in den ersten Monaten des Jahres 1617 war diese überragende Astronomen-Dynastie aus Ostfriesland nach kurzer Blütezeit auch schon wieder ausgestorben.

Aber in der Gegenwart gibt es noch viele leidenschaftliche Astronomen in der Region wie etwa den *Astronomie Club Ostfriesland e.V.* in Wiesmoor. Auch das *Planetarium* in Leer ist eine Anlaufstelle für Astronomie-Experten. Es ist am *Institut für Seefahrt* in der Fachhochschule beheimatet, hat aber nicht regelmäßig öffentliche Führungen. Die *Sternwarte Norderney* ist schließlich die einzige auf einer Insel, die regelmäßig Führungen und Beobachtungen durch ein leistungsstarkes Teleskop anbietet.

Frauenpower:
Dr. med. Hermine Heusler-Edenhuizen

<●●●●○○○>

Sie hat wirklich an vorderster Front gekämpft: Zu einer Zeit als man(n) Frauen keine Bildung, keinen Beruf und auch sonst jegliche Fähigkeit zur geistigen Anstrengung zusprach, ist sie konsequent und mit viel Disziplin ihren Weg gegangen. Auf jedem ihrer Schritte betrat sie Neuland. Sie kämpfte hart um vieles, was heute selbstverständlich ist. So wurde sie zu einer Vorreiterin der frühen Frauenbewegung, der es schlicht um das Recht auf Bildung, auf den Besuch eines Gymnasiums, das Abitur und einen Studienplatz ging.

Die Rede ist von *Hermine Heusler-Edenhuizen*, die 1872 in eine Welt und eine Zeit hineingeboren wurde, die für Frauen des Bürgertums nichts anderes als gepflegte Konversation und für junge Mädchen nichts anderes als das Warten auf den passenden Ehemann vorsah. Wenn sie Glück hatten, konnten sie anfangs noch am Unterricht ihrer Brüder zu Hause teilnehmen. Sobald es aber weiter auf Schulen ging, trennten sich die Wege. Während der männliche Nachwuchs in Gymnasien auf eine akademische Zukunft vorbereitet wurde, blieb den Töchtern meist nur noch die private Höhere Töchterschule. Die wurden meist von Dorfgeistlichen geleitet, der Unterricht bestand aus Beten und Handarbeit.

So ähnlich ist es auch *Hermine* in ihren Jugendjahren im ostfriesischen Pewsum gegangen. Ihre Eltern stammten beide aus wohlhabenden Bauernfamilien. Ihr Vater war der Landarzt *Dr. Martin Edenhuizen* und das Zuhause der Kindheit die prächtige *Alte* und die *Neue Manningaburg* in Pewsum. Doch auch ihr gebildeter Vater hatte zunächst nur wenig Verständnis für den Drang seiner Tochter nach Wissen und Erkenntnis. Ihren Wunsch, Lehrerin zu werden, hatte er abgelehnt.

Er wird seine Tochter aber wohl nicht aufgrund ihres Geschlechts für geistig minderwertig gehalten haben, wie manch andere Zeitgenossen. Selbst Professoren waren damals der Auffassung, dass das weibliche Gehirn zu klein und zu leicht sei, und sie nicht in der Lage wären, Mathematik, Latein und Griechisch begreifen zu können. In dieser Welt musste sich Hermine Edenhuizen durchsetzen, *„immer in Opposition gegen die Brüder, für deren Ausbildung der Vater alles tat."*[15]

Der Moment, der die Weichen für ihr ganzes weiteres Leben stellen sollte, war 1892, als die 20-Jährige in einer Buchhandlung in Emden zufällig das erste Heft von *Die Frau* in die Hand bekommt. Sie ist wie elektrisiert von den Texten der Herausgeberin *Helene Lange*, einer Ikone der frühen Frauenbewegung, und von deren ganz neuen *Gymnasialkursen für Mädchen* in Berlin. Sie kennt die Stadt, 1889 war sie schon einmal dort, in einem Mädchenpensionat. Dort will sie hin, ihr Abitur machen, und Ärztin will sie werden. Sie kämpft mit allen Mitteln beim Vater darum, der schließlich nachgibt.

Sie wird von *Helene Lange* in den zweiten Jahrgang aufgenommen und bereitet sich fast vier Jahre lang intensiv als Externe auf die Prüfung vor. 1896 besteht sie und gehört damit zu den ersten zehn Abiturientinnen Deutschlands.

Hermine ist gerade 26 geworden, doch die schlimmsten Prüfungen stehen ihr noch bevor. Sie nimmt ein Medizinstudium auf. Zunächst in Berlin. Das Studium dort ist ein einziger Spießrutenlauf: immer der Häme der männlichen Studenten ausgesetzt, den kritischen Anmerkungen des Lehrkörpers und stets angewiesen auf eine Sondergenehmigung, die beim jeweiligen Professor eingeholt werden musste. Sie wechselt nach Zürich, dann nach Halle,

[15] Prahm, Heyo (Hrsg.) / Heusler-Edenhuizen, Hermine: Die erste deutsche Frauenärztin. Lebenserinnerungen: Im Kampf um den ärztlichen Beruf der Frau, 1997, Opladen.

wo die Studienbedingungen besser sind, und schließlich nach Bonn, wo sie gemeinsam mit ihrer langjährigen Freundin und Studienkollegin *Frida Busch* eine generelle Studienerlaubnis erhält und keine Bittgänge zu einzelnen Professoren mehr machen muss.

Im April 1903 machen beide ihr Staatsexamen, sie schreiben ihre Doktorarbeit und promovieren am 4. November 1903 bei einem feierlichen Doktorandum im langen schwarzen Kleid[16] mit *summa cum laude*. Sie sind damit die ersten Frauen, die an der Bonner Universität den Doktorhut erwerben, was vom Dekan besonders betont wird und auch in der Öffentlichkeit Beachtung erfährt. Mit 31 Jahren ist *Hermine Edenhuizen* am Ziel: Sie ist promovierte Ärztin.

Während sie sich weiter beruflich qualifiziert, heiratet *Frida Busch* ihren langjährigen Verlobten, was zur damaligen Zeit üblicherweise bedeutete, den Beruf an den Nagel zu hängen. Auch Lehrerinnen durften nur so lange ihrem Beruf nachgehen, so lange sie unverheiratet waren. *Hermine Edenhuizen* hielt die Heirat ihrer Freundin für *„einen Verrat an unserer heiligen Sache"*.

So ging sie allein ihren Weg weiter: Mit 33 Jahren erhält sie zum ersten Mal ein Gehalt und ist die erste Assistenzärztin an einer Frauenklinik. Mit 37 Jahren lässt sie sich 1909 als Fachärztin für Frauenkrankheiten und Geburtshilfe in Köln nieder. Im Herbst 1909 geht sie nach Berlin in die *Klinik der weiblichen Ärzte* und eröffnet auch wieder eine eigene Arztpraxis. Dort arbeitet sie die nächsten Jahrzehnte. Sie ist erfolgreich im Kampf gegen das Kindbettfieber und engagiert sich in vielen sozialpolitischen Fragen, auch gegen das Abtreibungsverbot des § 218. 1924 ist sie eine Mitbegründerin des *Bundes Deutscher Ärztinnen* und auch deren Vorsitzende.

Hermine Edenhuizen hat nicht nur in ihrem Beruf neue Wege beschritten: Noch in Bonn hat sie sich in *Dr. Otto Heusler* verliebt,

---

[16] Junge, Brigitte: Vom gelehrten Frauenzimmer zur Frau Doktor. Dr. Hermine Heusler-Edenhuizen. Historisches Museum der Stadt Aurich, Schriftenreihe, Band 18, 2012

der sich für sie von seiner ersten Ehefrau scheiden lassen will. Sie gilt als Ehebrecherin. Es ist ein Skandal, vor dem im Rheinland kein Entkommen ist, und der sie neben beruflichen Gründen dazu bewog, nach Berlin zu ziehen.

Nach seiner Scheidung und dreijähriger Wartezeit kann *Dr. Otto Heusler* wieder heiraten. Im April 1912 ist Hochzeit, sie nimmt einen Doppelnamen an. Auch ihr Mann lässt sich in Berlin als Arzt nieder. Mit ihm schließt sie einen für die damalige Zeit absolut fortschrittlichen Ehevertrag ab, der sie ermächtigt, weiterhin ihren Beruf auszuüben und ihr eigenes Geld zu verdienen, und sogar Gütertrennung vereinbart.

Das ist ein ganz außergewöhnlicher Schritt, zu dem sie *Helene Lange* ermutigt hatte, mit der sie eine lebenslange Freundschaft verband. Die große Frauenrechtlerin war gebürtige Oldenburgerin. Vielleicht haben sich die beiden Norddeutschen deswegen so gut verstanden, trotz eines Altersunterschiedes von 24 Jahren: die eine ehemalige Schülerin, die andere ihre Lehrerin und lebenslange Beraterin.

Ob *Hermine Heusler-Edenhuizen* die erste Frauenärztin Deutschlands war, darüber ließe sich noch streiten. Da gäbe es etwa *Charlotte Heidenreich von Siebold* aus Darmstadt, die 1817 in Gießen mit einer Doktorarbeit zur Geburtshilfe promovierte und der späteren *Queen Victoria* 1819 ins Leben half.[17] Die gebürtige Ostfriesin ist aber auf jeden Fall die erste, die im Kaiserreich mit Abitur, Studium und Promotion den akademischen Weg zur Frauen-Fachärztin beschritt. Sie stirbt im Alter von 83 Jahren am 26. November 1955 in Berlin.

[17] Ärzte Zeitung, 4.8.2009: Eine fürsorgliche, fleißige und fachkundige Frauenärztin (von Ruth Pons).

Lale Andersen: Ein Prominentengrab in den Dünen

<●●●●●○○>

Eigentlich war ihr Mädchenname *Liese-Lotte Helene Berta Bunnenberg,* doch jeder kennt sie nur unter ihrem Künstlernamen *Lale Andersen* und als Interpretin des Welthits *Lili Marleen.* Sie starb am 29. August 1972 im Alter von 67 Jahren in Wien, begraben ist sie jedoch in den Dünen von Langeoog. Die Sängerin des berühmtesten Soldatenliedes aller Zeiten hatte sich nach dem Krieg in die ostfriesische Insel verliebt und hier niedergelassen.

Ihr reetgedecktes Anwesen, der *Sonnenhof,* steht heute noch am Rande der Dünen. Viele Jahre befanden sich im Vorderhaus des Anwesens eine Teestube und ein Restaurant. Auch Erinnerungsstücke an Lale Andersen gab es dort noch zu besichtigen. Heute ist der *Sonnenhof* als exklusives Feriendomizil für Touristen buchbar.

Nur wenige Meter oberhalb von ihrem Sonnenhof ist *Lale Andersen* begraben. Sie liegt auf dem Dünenfriedhof der Insel, direkt an der Nordsee. Hier hat sie auf eigenen Wunsch ihre letzte Ruhestätte gefunden, immer begleitet vom ewigen Rauschen des Meeres. Nur ihr Künstlername in Stein gemeißelt erinnert auf dem Friedhof an die Sängerin mit der tiefen und melancholischen Stimme. Es fehlt ihr Todesdatum, und auch ihren Geburtstag am 23. März 1905 in Bremerhaven nennt der polierte Grabstein nicht.

Lale Andersen erlag einem Leberkrebsleiden. Ihre Leiche wurde in Wien eingeäschert und die Urne in feierlicher Prozession später auf Langeoog unter sehr großer Anteilnahme der Bevölkerung beigesetzt.

Bis heute gehört ein Besuch des Friedhofs in den Dünen zu einem beliebten Ausflugsziel für Touristen, pilgern die Fans immer noch an ihr Grab und erinnern sich an einen Menschen, der im Zweiten Weltkrieg unter den Nationalsozialisten Haltung bewies, aus der Reichskulturkammer ausgeschlossen wurde, Auftrittsverbot erhielt und in Langeoog den idealen Rückzugsort fand.

Schon sehr lange tot ist einer der wenigen deutschen Weltstars auf Langeoog immer noch präsent. Zu ihrem 100. Geburtstag am 23. März 2005 wurde eine Bronzefigur der Sängerin an zentraler Stelle der Fußgängerzone aufgestellt. Und so steht sie nun als schlankes Denkmal unter der Laterne vor dem hohen Turm – nämlich dem Wasserturm von Langeoog. Auch ein Fährschiff names *Lili Marleen* ist noch immer zwischen Insel und Festland unterwegs.

Warum ein kleines Quark-Hefegebäck mit Sanddorn, Zucker und Zimt ausgerechnet *Süße Lale* heißt, bleibt ein Rätsel. Doch das Produkt lokaler Bäckerkunst schmeckt auf jeden Fall ausgesprochen köstlich und erinnert zumindest an die orange leuchtenden Sanddornbüsche, die ganz in der Nähe des Dünengrabes von *Lale Andersen* wachsen.

Doornkaat: Erinnerungen an eine heiße Liebe

Einer der bekanntesten Werbesprüche Ostfrieslands galt nicht dem gesunden Tee, sondern Hochprozentigem. Es war in den goldenen Wirtschaftswunderjahren der Bonner Republik als die Firma *Doornkaat* mit einem legendären Slogan für ihren gleichnamigen Korn in aller Munde und Kehlen war. Bis heute ein echter Klassiker:

„Doornkaat. Heiß geliebt und kalt getrunken."

Mit der markanten grünen Vierkantflasche setzte das Norder Familienunternehmen auch im Produktdesign für die 38 Prozent Alkohol Standards. Die große Zeit war ab den Achtzigern dann jedoch definitiv vorbei für das Kultgetränk von einst, auch wenn sich *Horst Schlämmer* alias Entertainer *Hape Kerkeling* bei Fernsehauftritten gerne mal öffentlich ein Schlückchen *Doornkaat* genehmigte.

Die Firma wurde 1992 an die *Berentzen*-Gruppe mit Sitz im Emsland verkauft. Am alten Standort blieb ironischerweise noch die Abfüllung einer Marke Mineralwasser.

An die große Zeit von *Doornkaat* in Norden, seit 1806 dort ansässig und einer der wichtigsten Arbeitgeber der Stadt, erinnert heute noch das Teemuseum. Es ist die Geschichte von Aufstieg und Fall eines Unternehmens, das letztendlich die Zeichen der Zeit im sich wandelnden Markt der Spirituosen zu spät erkannt hatte.

Norddeich Radio: „Good-bye for ever, over and out"

<●●●●●●●>

Eine der legendärsten Küstenfunkstellen verabschiedete sich in der Sylvesternacht vom 31.12.1998 von der Welt: *Norddeich Radio* schaltete mit diesem letzten Funkspruch über UKW um Mitternacht seinen Sendebetrieb endgültig ab. Damit ging eine Ära zu Ende, die fast hundert Jahre zuvor noch zu Zeiten von Kaiser *Wilhelm II.* begonnen hatte. Denn der Regent höchstpersönlich war es, der 1905 den Auftrag zur Errichtung einer Deutschen Küstenfunkstation gab. Dem Gründungsmythos zu Folge war ein Telegramm des Kaisers an seine Frau der Auslöser, das nicht von seinem Schiff mit *Telefunken*-Sendeanlage via Borkum abgeschickt werden konnte. Denn die Seefunkstelle dort arbeitete mit dem konkurrierenden und von den Briten verbreiteten *Marconi*-System.

Doch die Wahrheit ist wahrscheinlich nicht ganz so romantisch. Es waren wohl eher die Kriegsschiffe des Deutschen Reiches, die im westlichen Bereich der Deutschen Bucht bis zum Ärmelkanal funktechnisch erreichbar sein sollten und den wesentlichen Ausschlag für die Errichtung der Küstenfunkstation gab. Ein Standort in der Nähe des kleinen Hafens Norddeich am nordwestlichsten Festlandzipfel Deutschlands wurde als der ideale Platz für die neue nationale Küstenfunkstelle des Kaisers ausgewählt – auch aufgrund der hohen Bodenleitfähigkeit der feuchten Marsch und damit guter Erdung.

Nach vielen Tests nahm *Norddeich Radio* am 1. Juni 1907 den *„allgemeinen öffentlichen Seefunkverkehr"* in Deutschland auf. Das erste Rufzeichen der neuen Station lautete *KND* für **K**üstenfunkstelle **N**ord**d**eich.

Norddeich Radio war von Anfang an bekannt für seine enorme Reichweite. Bereits 1907 waren die Nachrichten schon in mehr als

2200 Kilometern Entfernung zu vernehmen. Die Telegramme wurden in den Gründerjahren ausschließlich per Morsezeichen übermittelt – mit einem ohrenbetäubenden Lärm. Denn das geschah über sogenannte Knallfunken-Sender, die trotz dicker Filzplatten und schwerer Doppeltüren des Sendegebäudes noch im Freien kilometerweit zu hören waren.

Die Morsetelegrafie mit ihren zwei Signalen aus kurz oder lang galt noch bis weit in die Mitte des zwanzigsten Jahrhunderts hinein als sichere und auch schnelle Kommunikationstechnik. Verwendet wurde das internationale Morsealphabet, bei dem es keine deutschen Sonderzeichen wie ö, ä, ü oder ein ß gibt. Der Austausch der Morsezeichen erfolgte mit der Hand über eine sogenannte Morsetaste, die dann in lesbaren Text zu Papier gebracht wurden. Gute Funker brachten es auf 120 Zeichen in der Minute. Erst Ende 1995 wurde die Morsetelegrafie bei *Norddeich Radio* komplett abgeschaltet. Mit Einzug der Satellitentechnik entfiel die Notwendigkeit eines Funkers an Bord von Schiffen und damit auch für die Küstenfunkstellen die Grundlage, diesen Dienst weiter aufrechtzuerhalten. Funker werden heute nicht mehr ausgebildet. Für hundert Jahre aber waren sie die zentralen Figuren in der Nachrichtenübermittlung auf See und an Land.

Bereits früh ging man bei *Norddeich Radio* dazu über, neben den Telegrammen auch Wetternachrichten, besonders Sturmwarnungen, als Services an die Schiffe auf See auszustrahlen. Schnell kam auch ein regelmäßiger Pressespiegel hinzu, der bereits 1913 in 5000 Kilometer Entfernung zu empfangen war. Als kleinen hausinternen Extra-Service „unter Kollegen“ lieferte man zu späteren Zeiten sogar die aktuellen Lottozahlen aus Deutschland.

In der Hauptsache verschickte *Norddeich Radio* Telegramme zwischen dem Reeder und seinen Schiffen. In Kriegszeiten aber kam der zivile Seefunkverkehr immer vollends zum Erliegen, dann wurden nur noch militärische Nachrichten übermittelt.

Nach Ende des *Ersten Weltkriegs* begann eine neue Zeit mit neuer Technik, höheren Antennen und leistungsstärkeren Röhrensendern sowie den ersten Versuchen mit drahtloser Telefonie, dem sogenannten Sprechfunk. Bereits 1929 wurde ein Kurzwellensender für den internationalen Funkverkehr eingebaut. In den Dreißigerjahren sah man sich auch veranlasst für den reibungslosen Betrieb die Sende- und Empfangseinheiten voneinander zu trennen. Schließlich fanden die Empfangsstation und die Betriebszentrale am 8. Dezember 1931 fünf Kilometer entfernt am westlichen Rand von Norden, in *Utlandshörn,* in strahlungsarmer Umgebung ein neues Zuhause.

Auch wenn sich die Sendestation noch in Norddeich befand, war *Norddeich Radio* also bereits in den 30er Jahren mit wesentlichen Betriebsteilen nicht mehr direkt an seinem Namen gebenden Ort beheimatet. In den 60er und 70er Jahren des 20. Jahrhunderts verlegte man dann auch noch die Sendetechnik von Norddeich an einen anderen Standort, nach Osterloog, nordöstlich von *Norden*. Im November 1970 wurde nach 63jährigem Betrieb der letzte Sender im Ort Norddeich abgeschaltet.

Zu den grundlegenden Aufgaben der Küstenfunkstelle *Norddeich Radio* gehörte der allgemeine Seefunkdienst, womit im Wesentlichen das Vermitteln von Nachrichten als Funktelegramm, Funkgespräch oder Funkfernschreiben für die nationale und internationale Schifffahrt gemeint ist. Eine der wichtigsten Funktionen von *Norddeich Radio* war zudem, die Sicherheit für menschliches Leben auf See zu erhöhen.

Dazu gehörte das Beobachten der internationalen Seenotfrequenzen, die Standortermittlung durch Funkpeilung sowie die Hilfestellung in konkreten Notfallsituationen. Neben den meteorologischen und nautischen Auskunftsdiensten ermöglichten die Seefunker sogar einen speziellen funkärztlichen Beratungsdienst, der quasi per Ferndiagnose auf den Schiffen bei der Behandlung erkrankter Seeleute half, denn die hatten in aller Regel keinen eigenen Arzt an Bord.

Schon in Zeiten der Funktelegrafie war ein Teil des Funkverkehrs zu den Schiffen auch privater Natur, wurden – meist sehr kostspielige – Funktelegramme zu den Ehemännern, Vätern und Verwandten auf hoher See geschickt. Die Sehnsucht, die damals so unfassbare Ferne und die Einmaligkeit des Kontaktes zu den Lieben auf See war dann auch der Treibstoff für eine Radiosendung des *Norddeutschen Rundfunks (NDR)*, die *Norddeich Radio* in die Wohnzimmer der jungen Bundesrepublik brachte und für den ungeheuren Bekanntheitsgrad der Küstenfunkstelle in Ostfriesland sorgte:

Gruß an Bord – so hieß der Klassiker, der seit 1953 jeden Heiligabend ausgestrahlt und für eine ganze Generation zum festen Programm an Weihnachten wurde. Bis heute übermittelt der *NDR* an Heiligabend Nachrichten an Seeleute auf allen Ozeanen und ebenso die Grüße der Schiffsbesatzungen in ihre Heimat. Damit gehört die Sendung *Gruß an Bord* zu den ältesten, die auf der Welt noch ausgestrahlt werden.

Doch *Norddeich Radio* ist heute nicht mehr beteiligt an der Produktion. Das war lange anders. Erst durch die Funker an der Küste war die Sendung überhaupt möglich. Noch heute wird *Norddeich Radio* gerne gleichgesetzt mit einem Radiosender, der er nie war. *Radio Norddeich* hat es nie gegeben. Bereits im Sommer begannen damals die Vorbereitungen für den Weihnachtsklassiker, der zu großen Teilen vorproduziert war. Zunächst wurden die eingehenden Bitten und Briefe der Familien gesammelt, dann koordinierte man gemeinsam mit dem NDR akribisch den Fahrplan der Sendung.

Fritz Deiters, lange Jahre für die Öffentlichkeitsarbeit von *Norddeich Radi*o zuständig, erinnert sich: „Es war immer wichtig, dass die Schiffe, die zu Weihnachten für die Sendung angefunkt wurden, möglichst weit weg von Deutschland waren. Außerdem sollten sie während der Funkübertragung auf hoher See sein und nicht in einem Hafen vor Anker liegen.“ War das geklärt, kam die Feinabstimmung: „Wir mussten schon früh Kontakt zu den Schiffen aufnehmen und bei den Funkern an Bord ihre Bereitschaft zur Mitarbeit und einer Sonderschicht an Weihnachten einholen.“

Parallel dazu wurden im *NDR*-Studio in Deutschland die Wünsche, Gedichte und Lieder der Familien aufgenommen und vorproduziert. Alles, was viel Emotionen brachte, wurde gerne genommen: Kinder, die ihren Papa grüßten, weinende Ehefrauen, Liebesschwüre von Verlobten. Das wurde dann alles mit den knisternden Funksprüchen von Übersee gemischt, mit Shanty-Chören und der *NDR*-Bigband musikalisch untermalt und fertig war eine Sendung, die wie kaum eine andere zu Herzen ging und dabei gleichzeitig die Wunderwelt moderner Technik spürbar machte.

In den goldenen Zeiten arbeiteten bis zu 260 Menschen bei *Norddeich Radio* und betreuten den Funkverkehr auf allen Weltmeeren. Unter dem Rufzeichen DAN sendete die Station sowohl im Mittel-, Grenz-, Kurzwellen- sowie im UKW-Bereich. Die moderne Satellitentechnik sollte diese Situation dramatisch beenden. Sie wurde in den 80er Jahren zunehmend zum Konkurrenten für den Kurzwellenfunkdienst und schließlich zum weltweiten Standard. Küstenfunkstellen wurden einfach nicht mehr gebraucht.

Das Ende von *Norddeich Radio* kam in vielen kleinen Schritten, bis es an Sylvester 1998 endgültig vorbei war:

„Hier ist Norddeich Radio, Norddeich Radio.
Wir nehmen Abschied. Leben Sie wohl! Over and out.“

Heute kann jeder über einen schnellen Klick im Internet Informationen über den internationalen Schiffsverkehr erhalten, die zuvor nur den Spezialisten des Seefunkverkehrs von Norddeich vorbehalten waren: *www.marinetraffic.com* oder *www.shipfinder.co* heißen die Adressen. Rettungsrufe für Schiffe in Seenot werden mittlerweile über das *Maritime Rettungs-Kooordinierungszentrum (MRCC)* der *Deutschen Gesellschaft zur Rettung Schiffbrüchiger (DGzRS)*, den *Seenotrettern*, in Bremen betreut.

Was ist geblieben von fast hundert Jahren *Norddeich Radio* außer einem roten Blitz im Wappen des Ortes? Auf dem ursprünglichen Gelände in Norddeich befindet sich schon seit langem ein Campingplatz. Am historischen Standort in *Utlandshörn* und neben einem verbliebenen Gittermasten als Antennenträger hat sich der in 2001 gegründete Verein *Funktechnisches Museum Norddeich Radio* mit einem kleinen Museum niedergelassen. Doch dessen Zukunft ist ungewiss. In der ehemaligen Sendestation in Osterloog befindet sich heute eine Dependance der *Seehundstation Norddeich*, die dort auch ein Museum, das *Waloseum*, betreibt.

Seit dem März 2015 gibt es aber einen neuen Ort, an dem man dem klangvollen Namen *Norddeich Radio* nachspüren kann: Das *Museum Norddeich Radio* präsentiert in Norden, in einem historischen Backsteingebäude ganz in der Nähe von Post und Telekom, Technik und Geschichte dieser einmaligen ostfriesischen Institution.

Dahinter steht ein Verein aus ehemaligen Mitarbeitern und Freunden von *Norddeich Radio*. Mit großer Leidenschaft und Spürsinn hat er Geräte aus der Gründerzeit der Funktechnik bis hin zu kompletten Funk-Arbeitsplätzen zusammengetragen. Eine große Sammlung präsentiert sich nun hier den Besuchern, ausgesprochene Experten führen sachkundig durch ihr Reich und ihre Vergangenheit. Denn rund 95 Prozent aller Ausstellungsstücke waren bei *Norddeich Radio* tatsächlich einmal im Betrieb.[18]

Gefunkt wird bei *Norddeich Radio* übrigens auch wieder. Allerdings nicht mehr im kommerziellen Schichtdienst, sondern über Amateurfunk-Frequenzen und dem Klubrufzeichen DL0DAN.

Zwei Dinge sollte man von dieser Geschichte unbedingt mitnehmen: Wer etwas über *Norddeich Radio* erfahren will, der sollte nicht nach Norddeich fahren. Und - sage nie, aber auch niemals *Radio Norddeich!* Sondern immer nur ganz korrekt: *Norddeich Radio.*

[18] Das Museum Norddeich Radio befindet sich in der Innenstadt von Norden in der Osterstraße 11 a in einem historischen Backsteingebäude ganz in der Nähe der Fußgängerzone. Es ist von dort direkt über einen kleinen Stichweg zu erreichen: museum@norddeich-radio.de

6. Highlights im flachen Land: Architekturperlen

Historische Windmühlen finden sich heute noch allerorten, liebevoll restauriert drehen sie ihre Flügel – die Bockwindmühle ist das älteste Modell. Auch die Leuchttürme, geringelt oder aus Backstein, sind auf den Inseln und an der Küste nicht zu übersehen. Bei den alten Wasserburgen atmet jeder Stein Geschichte und die Kirchen im Land sind nicht nur zahlreich, sondern mit kostbaren Orgeln großer Meister ausgestattet. Manch ein Kirchturm wurde zweckentfremdet wie beispielsweise vom berühmten Piraten Störtebeker. Wäre er nicht in Hamburg geköpft worden, hätte er sein Grab vermutlich am Fuße einer Backsteinkirche auf einer Warft gefunden. Denn Hügelgräber sind eine regionale Spezialität.

Pionier der Windkraft: Die Bockwindmühle in Dornum

<●○○○○○○>

In Sichtweite zu den Windrad-Giganten unserer Tage steht ein echter Pionier der Windkraft: Die Bockwindmühle von Dornum. Dieser Mühlentyp ist der älteste in Europa und nutzte den Wind zum Antrieb lange bevor sich die bekannten Holländermühlen verbreiteten. Die Dornumer Mühle ist die einzige heute noch funktionstüchtige Bockwindmühle Ostfrieslands. 1626, mitten im *Dreißigjährigen Krieg*, wurde sie gebaut.

Für die Holzkonstruktion der Mühle holte man extra riesige Eichenstämme aus Norwegen, die per Schiff nach Dornum transportiert wurden, das früher über ein Sieltief mit Hafen über Wasser erreichbar war. Denn das fast baumlose Ostfriesland verfügte nicht über genügend Baumaterial, um solch ein Wunderwerk der damaligen Technik zu errichten.

Ebenso wichtig wie die Müller waren die Zimmermänner. Sie bauten die Dornumer Mühle Balken für Balken aus dem norwegischen Holz zusammen: alles von Hand, nur mit der Handsäge und dem Beil, mit Stecheisen und Bohrer, den traditionellen Werkzeugen der Zunft. Denn Maschinen oder gar ein Sägewerk gab es noch nicht.

Zentrum einer jeden Bockwindmühle ist der *Hausbaum*, ein äußerst massiver Eichenstamm, um den der gesamte Mühlenkasten mit Mahlgang, Getriebe und Müllereimaschinen drehbar ist. In Dornum hat der gewaltige *Hausbaum* einen Durchmesser von 65 Zentimetern. Auf ihm ruht das gesamte Gewicht der Mühle, rund 30 Tonnen. Ein weiteres zentrales Element im Aufbau einer Bockwindmühle ist der *Hammerbalken*, er trägt die gesamte Konstruktion des Mühlenkastens.

Seinen Namen hat dieser spezielle Mühlentyp vom Unterbau, dem *Bock*. In diesem Stützgestell aus Holz lagert der riesige drehbare Eichenstamm des *Hausbaums*. Die Mühle ist quasi „aufgebockt".

Die Bockwindmühle stellt sich nicht automatisch richtig in den Wind, das muss noch mühsam von Hand erledigt werden. Dazu benutzt man einen Auslegerbaum, den sogenannten *Steert*. Mit Hilfe des *Steerts* wird der hohe Mühlenkasten so gedreht, dass der Wind von vorne auf die Flügel bläst und sie sich in Bewegung setzen. In Dornum sind das vier Segelgatterflügel mit einem Durchmesser von zirka 20,5 Metern.

Um 1900 wurden 300 Zentner Korn in der Woche gemahlen, nur so ließ sich die Mühle wirtschaftlich betreiben. Das entsprach einer Menge von 50 Zentnern am Tag und ungefähr 50 Säcken Mehl, die mit dem Sackaufzug nach unten transportiert wurden und nicht über die äußerst steile Treppe, die aus dem Mühlkasten hinausführt. Den Mahlvorgang bewerkstelligten zwei riesige Mahlsteine. Angetrieben durch den Wind drehte sich dabei nur der obere Mühlstein, während der untere fest lag. Durch die Fliehkräfte wurden die Körner nach außen getrieben: Sie wurden erst geschrotet, dann gemahlen. Zum Schluss wurde das Mehl gesiebt.

Das funktioniert heute noch so, auch dank eines umtriebigen Vereins, der sich seit 2008 um den Erhalt dieses historischen Denkmals kümmert. Es gab damals Pläne, sie abzureißen. Mit vereinten Kräften und Mitteln öffentlicher Geldgeber gelang es jedoch, dieses Schicksal abzuwenden. 2010 wurde die Mühle völlig in ihre Einzelteile zerlegt, restauriert und mit neuen Flügeln komplett wiederaufgebaut. Seit 2012 dreht sie sich wieder im Wind.

Der Höchste im Land: Ein Leuchtturm am eisernen Stiel

<●●○○○○○○>

Ganz hoch strahlt ein Licht bei Campen in der Krummhörn: Dort ruht auf einem Stahlfachwerk der höchste Leuchtturm von Deutschland. Rund 65,3 Meter misst der lange Lulatsch vom Boden bis zur Spitze. Er wurde bereits 1889/1890 errichtet, setzt aber noch heute den bundesweiten Höhenrekord.

Der „kleine Bruder des Eiffelturms" wird der Leuchtturm von Campen auch gerne genannt. Denn er ist nicht nur im selben Jahr wie das Pariser Wahrzeichen erbaut, sondern auch die Konstruktion aus genieteten Eisenteilen gleicht dem berühmten Vorbild. Auch technisch war er seiner Zeit weit voraus: Er wurde nämlich von Anfang an elektrisch betrieben.

Der Strom für den Betrieb der Lampen wurde dabei direkt im Maschinenhaus der Leuchtfeueranstalt Campen erzeugt. Erst kam dieser von Dampfmaschinen, 1906 wurden sie durch zwei einzylindrige Dieselmotoren mit einer Leistung von 20 PS ersetzt. 1932 wurde der Leuchtturm von Campen an das Überlandnetz der *Stromversorgungs-Aktiengesellschaft Oldenburg-Ostfriesland* angeschlossen. Heute wird er automatisch betrieben und von der Verkehrszentrale des Wasser- und Schifffahrtsamtes an der Krummhörner *Knock* ferngesteuert und -überwacht.

Über eine Wendeltreppe und die mehr als 300 Stufen des ummantelten Treppenschachtes geht es für Besucher hinauf zu einer Aussichtsplattform mit einem sagenhaften Rundblick über das Meer. Der reicht bis nach Borkum – falls das Wetter mitspielt.

Gittertürme sind im Vergleich zu Leuchttürmen aus Stein verhältnismäßig leicht. Doch trotz der filigranen Eisenkonstruktion bringt es der Campener Leuchtturm auf 300 Tonnen Gesamtgewicht.

Je nach Windstärke können in der Verankerung zudem noch Zugkräfte von etwa 135 Tonnen entstehen. Wegen des starken Windes und des sehr weichen Marschbodens direkt am Deich bekam der Leuchtturm entsprechend tiefe Fundamente. Vier eiserne Brunnenschlingen – drei für die Pfeiler und einen für den Treppenschacht – wurden damals etwa 14 Meter tief auf festen Sandboden getrieben. Erst darauf wurde dann das Mauerwerk für das Fundament gesetzt.

Das Licht von Campen strahlt weit: Es reicht von der ostfriesischen Westküste knapp 30 Seemeilen, das sind 55 Kilometer, auf das offene Meer hinaus. Damit hat dieser Riese unter den Leuchttürmen Deutschlands auch die größte Strahlkraft von allen. Sein starkes Leuchtfeuer leitet bis heute große und kleine Schiffe sicher am Borkumriff vorbei in die Emsmündung bei Emden. Seine exakte Position lautet: 53°24‘ N, 07° 01‘ E.

Ob der höchste auch der schönste Leuchtturm ist, darüber lässt sich trefflich streiten. Schließlich ist die Konkurrenz groß und lauert gleich nebenan: Denn der Superstar unter den Leuchttürmen Ostfrieslands ist der kleinste seiner Art. Der berühmte *Otto*-Leuchtturm von Pilsum mit seinen markanten gelb-roten Ringeln ist gerade mal 11 Meter hoch. Wer lieber Türme aus Backstein mag als solche Ungetüme aus Stahl, der wird auf den Inseln garantiert seinen Favoriten finden. Auf Wangerooge, Norderney und Borkum gibt es jede Menge davon und allesamt Unikate ihrer Art.

Von Ost nach West:
Turmwanderung auf Wangerooge

<●●●○○○○○>

Wangerooge ist eine Insel der Türme. Es gibt einen alten Leuchtturm in der Stadtmitte, dann noch einen riesigen neuen Leuchtturm, der sein Licht weit in die Deutsche Bucht hinausstrahlt, und einen kleinen Turm der früheren Marine-Signalstation am westlichen Ende der Strandpromenade. Draußen auf dem Meer kann man sogar noch den bekannten Leuchtturm *Roter Sand* und seinen Nachfolger Rote Weser oder beispielsweise das Leuchtfeuer *Helgoland* sehen.

Doch der Turm aller Türme auf Wangerooge ist der *Westturm*. Der massive Backsteinbau mit seinem markanten Kupferdach ist das Wahrzeichen der Insel, schon von weitem auf der Fähre zu erkennen.

Eigentlich gab es im Verlauf der Geschichte drei Westtürme auf Wangerooge, die aber zu ihrer Zeit jeweils unterschiedliche Funktionen hatten. Der erste Westturm war ein Kirchturm und gehörte zur *Nikolai*-Kirche im Inseldorf. Dorf, Kirche und Friedhof mussten aufgrund der dramatischen Ostverlagerung der Insel aufgegeben werden und so stürzte der *Nikolai*-Turm im Westen um 1590 unter dem Druck des Wassers ein, seine 15 Meter hohe Ruine diente noch lange danach als Seezeichen.

Der zweite Westturm wurde 1602 errichtet und fungierte als Landmarke für einfahrende Schiffe. Das war Voraussetzung für das Eintreiben von Zollgebühren, die für das Großherzogtum Oldenburg lange die wichtigsten Staatseinnahmen darstellten. Neben der Orientierung für Schiffe diente das 50 Meter hohe Gebäude den unterschiedlichsten Zwecken. Auf fünf Stockwerken wurde es als Kirche, Zufluchtsort bei Sturmfluten, als Gefängnis, Eiskeller und Lagerraum für Strandgut genutzt.

Der Turm diente aufgrund seiner Höhe auch als trigonometrischer Punkt für Landesvermessungen. 1825 hielt sich sogar *Carl Friedrich Gauß* bei der Vermessung des Königreiches Hannover auf Wangerooge auf. Eben jener berühmte Mathematiker, dem wir unter vielem anderen die Normalverteilung in der Statistik zu verdanken haben, und der in dem Bestseller „Die Vermessung der Welt“ von *Daniel Kehlmann,* eine Hauptfigur darstellt.

Das imposante Turmgebäude befand sich ursprünglich an der Ostspitze. Durch die enormen Sandverlagerungen „wanderte“ es im Verlauf der Jahrhunderte über die Insel und mutierte zum Westturm. Dort trotzte er in der Brandung stehend lange den Fluten. Den Garaus machte ihm dann schließlich nicht die Nordsee, sondern der *Erste Weltkrieg*. Um dem Gegner nicht eine Orientierungshilfe auf dem Weg zum Kriegshafen Wilhelmshaven zu geben, sprengte man ihn 1915.

1932 errichtete man an neuer Stelle eine fast exakte Nachbildung des alten Westturms. Über dem Eingang wurde der Wappenstein des originalen Vorgängerbaus zur Erinnerung eingemauert. Dieser dritte *Westturm* steht noch bis heute. 1933 diente er den Herrschern als Herberge für die Hitlerjugend. Nach dem Krieg übernahm dann der *Deutsche Jugendherbergsverband (DJH)* die Regie, die 2005 einen modernen Neubau hinzufügte.

Der *Westturm* ist wohl eines der außergewöhnlichsten Angebote im Programm des *DJH*. 90 Betten gibt es im alten, denkmalgeschützten Turm, der sich über einem quadratischen Grundriss von 12 Metern Seitenlänge über sieben Stockwerke erhebt. 56 Meter ist er insgesamt hoch und bietet eine grandiose Aussicht über die *Ostfriesischen Inseln* und die Nordsee, die ihresgleichen sucht.

Burg Berum: Aus der Mitte entspringt ein Baum

<●●●●○○○>

Das erlebt man auch selten: die Versteigerung eines ganzen Schlosses. Für das barocke Prachtstück von *Berum* fand *Friedrich der Große* jedoch einfach keinen Käufer. So begann der neue Herrscher von Ostfriesland am 19. August 1765 sämtliches Inventar - von kostbaren Möbeln, Spiegeln und Gemälden bis zum Teeservice und Silberlöffel - an Meistbietende zu versteigern.

Ein Stück nach dem anderen geriet in neue Hände, verteilte sich über halb Ostfriesland und im Laufe der Jahrhunderte wohl in die ganze Welt. Hin und wieder taucht mal wieder ein Objekt auf, entdeckt ein Ostfriese eine Kostbarkeit aus dem alten *Schloss Berum* in seinem Familienbesitz. Doch darüber hinaus haben sich sämtliche Spuren verflüchtigt.

Der Erlös von allem, was nicht erd-, niet- und nagelfest war, ging nicht nach Berlin und in die Taschen des *Alten Fritz*, sondern an *Christian VI.*, den König von Dänemark und Norwegen. Ihrem Schwager hatte die letzte und kinderlose Witwe des *Schlosses Berum*, *Sophie Caroline von Ostfriesland*, ihr gesamtes Erbe vermacht. Sie war auch der Grund, weswegen *Friedrich II.* nach der Machtübernahme noch gut zwanzig Jahre mit dem Verkauf warten musste. Denn ihr stand der Witwensitz Berum vertraglich Zeit ihres Lebens zu. Und *Sophie Caroline* lebte lang: Sie überlebte ihren Mann um dreißig Jahre.

Zwar verließ sie bereits 1740 Ostfriesland und *Schloss Berum* und zog zu ihrer Schwester, der Königin von Dänemark und Norwegen, nach Kopenhagen. Doch dem Preußenkönig waren die Hände gebunden. Als *Sophie Caroline* aber 1764 „endlich“ starb, zögerte man keine Sekunde mit dem Vollzug.

Friedrich der Große zeigte besonderes Interesse an den Bäumen des Parks und der Orangerie. An seinen Kammerpräsidenten schreibt er am 25. Juni 1764: *„Sonsten sollet Ihr Euch noch erkundigen und sehen, ob unter der von der verstorbenen Fürstin hinterlassenen Orangerie schöne und große Bäume befindlich, welchenfalls ich dergleichen schöne und große Bäume den Erben abkaufen will."* Knapp drei Jahre dauerte es, dann war das Schloss leergeräumt, alles Inventar verkauft. Am 30. Mai 1768 wurde öffentlich der Rest zum Abbruch und Kauf angeboten:

„Jedermänniglich wird hiermit bekannt gemachet, welcher gestalt … das Schloss, die Berumer Burg zum Abbruch, an den Meistbietenden verkauft werden soll. Es befindet sich darin allerhand Bley, Eisenwerk, Sarksteine, Marmorne, Bremer, grüne und rothe Floren, Balken, Bretter, Stühle, Choren, Canzel, Treppen, Galerien, Bettstellen, Paneelwerk, Schlag-Uhr nebst Glocke, Schiefer-Pfannen und Mauersteine."

Es dauerte noch ein paar Monate, aber dann war alles weg. Ein kleiner Schutthaufen und Erdhügel blieb noch übrig von dem, was über Jahrhunderte einer der wehrhaftesten und repräsentativsten Residenzen Ostfrieslands war. Das *Schloss Berum* existierte nicht mehr.

Die Vorburg ist jedoch bis in die heutigen Tage erhalten geblieben. Allerdings nur zum Teil, denn fast die gesamte südliche Hälfte des langgestreckten Gebäudes ist damals verfallen. Doch was noch da ist, gehört zu den ältesten und größten historischen Bauwerken, die Ostfriesland heute noch vorzuweisen hat. Nach dem Abbruch des Schlosses nahm *das Amt Berum* im nördlichen Teil der Vorburg seinen Verwaltungssitz ein. Hier tagte das Amtsgericht, hier gab es eine Gerichtsschreiberei, ein Gefängnis und sogar einen ummauerten Gefängnishof.

Als 1932 das Amtgericht Berum mit dem in Norden zusammengelegt wurde, stand die Vorburg zum Verkauf. Neue Eigentümerin wurde wieder eine Witwe, *Theda* Gräfin *von Bismark Bohlen*, Gattin des verstorbenen *Dodo* Fürst *zu Inn- und Knyphau-*

sen, aus dem benachbarten *Schloss Lütetsburg.* Nach deren Tod erwarben der junge Architekt *Hans Heinrich von Oppeln* und seine Frau *Margit* 1970 das Anwesen. Die *Burg Berum* wurde zu ihrem Lebensprojekt, inzwischen in der Hand der nächsten Generation, ihrem Sohn *Tido von Oppeln.*

In Jahrzehnten gemeinsamer Arbeit baute das Ehepaar mit viel Sachverstand und Engagement, in enger Zusammenarbeit mit dem Denkmalschutz, die alte Vorburg zu einem wahren Schmuckstück aus. Sie bietet heute für anspruchsvolle und historisch interessierte Urlauber ein einmaliges Ambiente. Zu den prominentesten Gästen gehörte wohl Bundespräsident *Horst Köhler,* der 2006 hier einige Tage in amtlicher Mission als Schirmherr der *Seenotretter* verbrachte.

Heute ragen uralte Baumriesen in den Himmel über der *Burg Berum.* Dort, wo einst das gewaltige Wasserschloss stand, erhebt sich nun eine gigantische Blutbuche. Einer der schönsten Landschaftsgärten Ostfriesland befindet sich hier - frei zugänglich. Es ist ein so genannter *„Lost Garden":* ein Garten, der an Verlorengegangenes erinnert.

Der umlaufende innere Wassergraben des ehemaligen Schlosses ist längst zugeschüttet, aber der mächtige Verteidigungswall der alten Schlossanlage ist zu großen Teilen noch da. In der Mitte des Geländes erhebt sich heute ein kleiner Hügel, lässt erahnen, auf welch historisch bedeutendem Gelände man sich gerade bewegt. Eines braucht man auf jeden Fall immer, will man der Vergangenheit des *Schlosses Berum* an Ort und Stelle nachspüren: die Kraft der Imagination.

Schnitger und Holy: Die Stradivaris unter den Orgelbau-Meistern

<●●●●●○○>

Für Orgelfans ist Ostfriesland ein einziges Paradies. Es gibt wohl kaum einen anderen Landstrich auf der Welt, der reicher ist an Orgelbauten und das gesamte Spektrum unterschiedlichster Instrumente aus sieben Jahrhunderten vorweisen kann. 150 Exemplare verteilen sich über die einmalige *Orgellandschaft Ostfriesland.* Ein einmaliger kultureller Schatz der Region, besonders seit die *UNESCO* 2017 Orgelbau und Orgelmusik als immaterielles Kulturgut anerkannt und zum Welterbe erklärt hat. Besonders hoch ist der Bestand an noch bespielbaren historischen Orgeln: Rund 60 der ostfriesischen Orgeln wurden bereits vor 1850 gebaut.

Dass sich ausgerechnet in dieser nördlichen Ecke des Landes die Orgel so stark verbreitete, liegt sicherlich auch an der ausgesprochenen Kirchendichte Ostfrieslands. Über unzählige kleine Orte und Warfendörfer erheben sich bis heute imposante Backsteinkirchen, die vom Siegeszug des Christentums im ehemaligen Land der Heiden und Sachsen zeugen. Als dann der Gemeindegesang in der christlichen Liturgie zunehmend auf die Orgel als Begleitung und Hauptinstrument zurückgriff, leisteten sich immer mehr Gemeinden in Ostfriesland einen Orgeleinbau. Schon früh, in spätgotischer Zeit im 15. Jahrhundert, ist für Ostfriesland eine blühende Orgelkultur dokumentiert.

Die älteste Orgel Deutschlands und eine der ältesten bespielbaren Orgeln der Welt steht im ostfriesischen Rysum, einem idyllischen Ort auf einer Rundwarf in der Nähe von Emden. Ganz oben thront sie dort seit 560 Jahren unter ihrem türkisblauen Kirchenhimmel und breitet weit ihre Flügel aus. Sie erklingt bis heute zu jedem Gottesdienst und bei den vielen Konzerten, die ihr zu Ehren gegeben werden.

Der Baumeister ist nicht genau bekannt, es war vermutlich eine Werkstatt aus dem benachbarten Groningen, die 1457 dieses Prachtexemplar einer spätgotischen Orgel errichtete.

Bekannter sind dagegen die Namen anderer großer Meister der Zunft wie *Arp Schnitger* oder *Gerhard von Holy*. Diese beiden Namen hört man in Ostfriesland in Zusammenhang mit Orgeln häufig. Das klingt dann immer so ehrfurchtsvoll als hätte man bei einem Konzert eine *Stradivari* persönlich vor sich.

Das Geheimnis dieser ausgesprochen schön anzusehenden und wohlklingenden Orgeln war vermutlich eine besondere Legierung, mit der die Baumeister ihre Orgelpfeifen gefertigt haben und die ihnen ihren besonderen Klang geben. Die Rezepturen seien bis heute unbekannt und so sei es auch später niemals wieder gelungen, genau die gleiche Klangfarbe wie die alten Meister zu reproduzieren, wie die Experten vom *Organeum* in Weener erläutern.

Auch das Leben von *Arp Schnitger* lässt ein paar Rätsel offen: Ein Bild von ihm ist nicht erhalten, sein Geburtstag nicht genau bekannt. Getauft wurde er laut Kirchenbuch am 9. Juli 1648. Geboren und aufgewachsen ist er in einem kleinen Ort in der Wesermarsch, in Schmalenfleth, als Sohn einer alteingesessenen Tischlerfamilie. Als Orgelbauer hat er vor allen Dingen in Hamburg Spuren hinterlassen, deren Vollbürger er 1682 wurde. Dort war seine Hauptwerkstatt, weitere Filialen gab es in Groningen und Berlin: ein einzigartiges Netzwerk der Kreativität und Produktivität.

Im Laufe seines Lebens baute *Schnitger* mit seinen Söhnen, Gesellen und Mitarbeitern über 100 neue Orgeln in ganz Nordeuropa, von denen heute noch zirka dreißig erhalten und bespielbar sind. Zur besonderen Stärke der *Schnitger*-Werkstatt gehörte die Verschmelzung unterschiedlicher Klangfarben. Auch einer begrenzten Anzahl von Registern entlockte er dabei eine überaus große Vielfalt an Klängen aus Einzelstimmen, Kombinationen und Gesamtklängen. Rauschende Mixturen und starke Bässe für den Gemeindegesang wurden zu seinem Markenzeichen.

Berühmt wurde *Schnitger* für die Orgel in der Hamburger *Nikolai-Kirche*, die heute leider nicht mehr existiert. Diese war mit 67 Registern und 4.000 Pfeifen damals die wahrscheinlich größte Orgel der Welt und machte ihn schlagartig international bekannt. *Schnitger* baute Orgeln für *Peter den Großen*, für Spanien, England und Portugal. Für den Bau von Orgeln im norddeutschen Raum besaß er eine Vielzahl von Exklusivitätsrechten und Privilegien. 1708 wurde er zum *Königlich Preußischen Hoforgelbauer* ernannt. *Schnitger* war am Ende seines Lebens eine international bekannte Marke, vielleicht nur noch vergleichbar mit dem Kunst- und Vertriebsgenie eines *Albrecht Dürer*.

Arp Schnitger wurde am 28. Juli 1719 in Hamburg-Neuenfelde, seinem letzten Wohnsitz, begraben. Die *Arp Schnitger*-Gesellschaft mit Sitz in Brake pflegt heute sein Erbe. In Ostfriesland rühmen sich im Wesentlichen zwei Orte und Kirchen mit Orgeln aus des großen Meisters Hand:

Die Orgel der *Ludgeri-Kirche* in Norden, die zwischen 1686 und 1692 erbaut wurde, besitzt 46 Register und 3.110 Pfeifen. Sie ist damit die zweitgrößte noch erhaltene *Arp Schnitger-Orgel* und gleichzeitig die größte historische Orgel Ostfrieslands. Außergewöhnlich ist ihre asymmetrische Konstruktion. Aus akustischen Gründen windet sie sich förmlich um einen Vierungspfeiler, um in den verschiedenen Raumteilen des stark zergliederten Kirchenbaus perfekt zu hören zu sein.

Die zweite *Arp Schnitger-Orgel* Ostfrieslands befindet sich in der *St.-Georgs-Kirche* in Weener, die von einem der Söhne *Arp Schnitgers*, *Franz Caspar*, 1710 gebaut wurde. Dessen Frau stammte aus einer angesehenen und begüterten Familie aus Weener. Es war die erste Arbeit von *Schnitger* für eine ostfriesische reformierte Kirche, in der die Kanzel den Mittelpunkt bildet und nicht der Altar.

Der zweite große Meister barocker Orgelarchitektur in der Region war wahrscheinlich ein Schüler *Arp Schnitgers*: *Gerhard von Holy*, ein waschechter Ostfriese mit einer Werkstatt in Esens. Er stammte aus Aurich, wo er am 15. September 1687 getauft wurde. *Holy* wirkte vorwiegend in Ostfriesland und später dann auch in Westfalen, wo er am 3. Juni 1736 in Remscheid starb. Auch von ihm gibt es kein Bild, dafür aber zwei beeindruckende Orgeln, die bis in die heutigen Tage in Ostfriesland erhalten geblieben sind. Eine davon befindet sich in der *St.-Bartholomäus-Kirche* im ehemaligen Häuptlingssitz Dornum.

Der Backsteinbau wurde bereits im 13. Jahrhundert auf einer Warft errichtet. Ihre reiche Ausstattung verdankt die kleine Kirche der Herrscherfamilie *von Closter*, die 1711 auch den Bau des Instrumentes bei *Holy* in Auftrag gab. Der setzte mit 32 Registern und 1.770 Pfeifen seinem adligen Auftraggeber dann eine der größten Barockorgeln Ostfrieslands in den kleinen, fast schon intim-familiären Sakralraum der Dornumer Kirche. Alljährlich reizen Organisten aus aller Welt bei den *Internationalen Sommerkonzerten* die unglaubliche Spannweite und Klangtiefe dieser einmaligen „Dorforgel" aus.

Versteck in luftiger Höhe: Störtebekers Turm

Im hohen Backsteinturm einer ostfriesischen Kirche fand der wohl berühmteste Seeräuber Deutschlands Zuflucht: *Klaus Störtebeker.* Von 1396 bis zu seinem Tod 1401 in Hamburg soll der Freibeuter Zuflucht in Marienhafe im Turm der altehrwürdigen Marienkirche gesucht und gefunden haben. Der Ort war Ende des 14. Jahrhunderts nach drei gewaltigen Sturmfluten noch direkt mit der Leybucht verbunden und bot damit Zugang zur offenen Nordsee. Seine flachgängigen Schiffe hat der Pirat angeblich direkt am mächtigen Kirchenbau festgemacht.

Unzählige Legenden und Räubergeschichten ranken sich um *Klaus Störtebeker* und seine Mannen, die *Vitalienbrüder*. In dem wehrhaften Quadrat-Turm des Gotteshauses sollen sie ihre Raubzüge geplant, wild gezecht und ihre Beute vom verbotenen Kapern englischer, dänischer oder hanseatischer Schiffe gelagert haben. Unmengen von Stoffen, Gold und Pelzen waren dort gestapelt oder wurden - so will es die Legende - an Arme verteilt. Ostfrieslands *Robin Hood* heißt definitiv *Klaus Störtebeker*: *„Gottes Freund und aller Welt Feind“*, wie er sich selbst gern bezeichnet hat. 1399 soll der Volksheld sogar die Tochter des Ostfriesenhäuptlings aus der Familie *tom Brok* geheiratet haben.

Die Marienkirche war im Mittelalter Ostfrieslands größte dreischiffige Kreuzkirche, der *„großartigste Tempel zwischen Weser und Ems“*. Von den gewaltigen Ausmaßen des Originalbaus aus dem zwölften Jahrhundert steht seit 1829 jedoch nur noch das Mittelschiff, auch der *Störtebeker*-Turm wurde um zwei auf insgesamt vier Stockwerke gestutzt. Aber immer noch ist der trutzige Backsteinbau ein imposantes Monument, das viele Besucher überrascht und beeindruckt.

Und dessen Existenz zweifelsohne sehr real ist. Was man von *Klaus Störtebeker* nicht unbedingt sagen kann. Dessen Taten, sogar seine pure Existenz werden von manchen Historikern bezweifelt: „Ein Seeräuber *Klaus Störtebeker* ist quellenkundlich nicht nachzuweisen“, heißt es da nüchtern.

Doch das stört die meisten Menschen nicht besonders. Sie wollen einfach weiter glauben an die Legende vom tollkühnen Piraten, der dem Volk soviel Gutes brachte. Und Marienhafe lebt sehr gut vom berühmten Namen *Störtebeker*. Ob Souvenirs aller Arten und Sorten, Bastelbögen für Kinder oder die langjährigen *Störtebeker-Freilichtspiele* für Erwachsene – sie haben ihm viel zu verdanken, dem Mann, dem sie in Bronze ein großes Denkmal vor der Marienkirche gesetzt haben. Ohne *Klaus Störtebeker* würden wohl nur noch Wenige den Weg finden in die heute verlandete Kleinstadt am Moor, die vor sechs Jahrhunderten noch per Schiff zu erreichen war. Die ehemalige Hafenstadt ist heute ein beschaulicher Ort tief im Innern des Brookmerlandes, den man sich so gar nicht mehr als Austragungsort heftiger Fehden zwischen der Hanse und der Häuptlingsfamilie *tom Brok* vorstellen kann.

Bekannt ist Marienhafe aber noch für eine andere Rarität: In der Marienkirche befindet sich die zweite der beiden einzigen *Holy*-Orgeln Ostfrieslands. Das historische Instrument ist mindestens genauso berühmt wie der Pirat und entfaltet im Kirchenraum des ehemals größten Sakralbaus zwischen Groningen und Bremen seine ganz besondere Schönheit. Im ersten Stock des Turms befindet sich heute die *Störtebeker*-Kammer, in der der Pirat angeblich gewohnt haben soll. Von dort geht es über eine Freitreppe und enge Gänge bis ganz nach oben in die Turmspitze mit einem fantastischen Ausblick auf Juist und Norderney.

Eine regionale Spezialität: Hügelgräber

<●●●●●●●>

Mehr als 3000 Jahre war ein Hügel südlich von Dunum ein geheiligter Ort und Bestattungsplatz für die Toten. Der Sage nach soll hier auch der friesische *König Radbod* begraben sein. Der auch *Rabbelsberg* genannte Hügel in der Gemarkung Brill ist heute drei Meter hoch und hatte bei Grabungen vor hundert Jahren einen Durchmesser von 25 bis 30 Metern. In dem größten urgeschichtlichen Hügel Ostfrieslands fand man sechs Urnengräber, zehn Brandgräber ohne Urnen, ein Körpergrab, eine Steinkiste und einen Pferdeschädel.

Ebenfalls aus der Steinzeit stammt ein urgeschichtliches Denkmal bei Aurich: *Butter*, *Brot* und *Käse* ist der Spitzname des Großsteingrabs im Ortsteil Tannenhausen. Zwei Trägersteine und ein Deckstein sind noch übrig geblieben von der ehemals riesigen Steinanlage aus gewaltigen Findlingen. Ursprünglich waren es einmal zwei begehbare Steingräber, jedes etwa 12 x 2,5 Meter groß und 1,3 Meter hoch. Die beiden Gräber wurden jeweils von einem Hügel bedeckt, so dass sich zwei nebeneinander aus der Ebene wölbten. So ging es bei den Ostfriesen der Steinzeit quasi zurück in den „Busen von Mutter Natur".

Hügelgräber prägen bis heute das Landschaftsbild der ostfriesischen Halbinsel. Denn was anderes sind die Friedhöfe rund um die vielen Warftkirchen aus Granit und Backstein als in Hügel gesetzte Gräber? Entstanden sind sie zu einer Zeit als es noch keine feste Deichlinie gab, die Ostfriesland vor der Nordsee schützten. Überall erhoben sich kleine Inseln aus dem immer wieder heranflutenden Wasser, die den Lebenden Schutz boten, aber eben auch den Toten die ewige Ruhe sicherten.

So finden sich noch heute rund um die auf Warften errichteten Gotteshäuser zum Teil uralte Friedhöfe. Ein besonders schöner befindet sich in Hage.

Rund um die *St.-Ansgari-Kirche* und besonders an deren Südfront stehen viele Grabsteine, die mehrere hundert Jahre alt sind. Sie sind nicht nur auffällig schön, sondern auch sehr variantenreich gestaltet: Es finden sich Grabsteine in Form von Obelisken, erhöht auf Sockeln oder flach als Platte, Kreuze aus rostigem Kupfer oder blankem Stein. Einige Grabdenkmäler haben auch auffällige Verzierungen – wie etwa eine Schlange, die sich in den Schwanz beißt und den ewigen Kreislauf des Lebens und Sterbens symbolisiert. Der alte Warftenfriedhof in Hage ist ein absolut romantischer Friedhofsgarten mit efeuberankten Inschriften und prächtigen Wappen einst mächtiger Menschen, deren Leben so endlich war wie noch jedes auf dieser Welt.

Nur knapp zehn Kilometer östlich von Hage befindet sich in dem uralten Flecken Arle, das heute zur Gemeinde Großheide gehört, eine der ältesten Kirchen Ostfrieslands. Auch diese steht erhöht auf einer Warft, die über Jahrhunderte als Friedhof genutzt wurde. Hier stehen noch vereinzelt Grabsteine, der heute betriebene Friedhof befindet sich allerdings schon lange einige hundert Meter weiter in flacher Ebene am Rande des Ortes.

Es gäbe einige Orte zu nennen, die noch die klassische Erdbestattung auf einem Kirchenhügel durchführen und damit eine uralte ostfriesische Tradition fortsetzen: zum Beispiel Dornum mit seinem herrlichen Friedhofs-Stilleben aus moosbegrünten Kreuzen am dicken Stamm einer Buche. Auch Stedesdorf, Nesse, Osteel oder Suurhusen seien hier beispielhaft aufgeführt.

Doch das Hügelgrab ist heute längst nicht mehr die vorherrschende Friedhofsform in Ostfriesland, die meisten Bestattungsplätze sind auf dem flachen Land. Zudem hat sich eine ähnliche Bandbreite an Bestattungsarten etabliert wie in ganz Deutschland: Urnenbegräbnisse nehmen gegenüber den klassischen Bestattungen im Sarg stark zu. Auch die Anzahl anonymer Gräber oder Wiesenbestattungen, bei denen keine Grabpflege mehr erforderlich ist, wächst stetig.

Vergangen sind auch die Zeiten, in denen sich eine Kutsche mit offenem Leichenwagen langsam über die Dörfer Ostfrieslands zur nächsten Kirche bewegte. Als alle bei der Feldarbeit kurz innehielten, die Männer ihre Mützen und die Frauen ihren Sonnenschutz abnahmen und dem Leichnam ihre Referenz erwiesen. Dem schwarzen Gefährt folgte ein langer Leichenzug aus Nachbarn, Freunden und Verwandten, die für die Beerdigung teilweise mehrere Kilometer zu Fuß zurücklegen mussten.

In Esens, im Turmmuseum der *St.-Magnus*-Kirche[19], steht heute noch eines dieser seltenen Exemplare: Ein originaler Leichenwagen aus der Mitte des 20. Jahrhunderts, der noch bis in die 60er Jahre zum Einsatz kam, gehört dort zu den beeindruckendsten Ausstellungsstücken. Er erinnert an längst vergangene Zeiten, die nur noch in Kinofilmen ab und an wieder auferstehen.

[19] Besonders lohnenswert ist auch ein Aufstieg auf den Kirchturm zu den Schallluken des Glockengeläuts. Durch diese hat man einen fantastischen Rundumblick über das weite Harlingerland und die vorgelagerten Ostfriesischen Inseln Langeoog und Spiekeroog. Adresse: Am Kirchplatz 5 - 7, 26427 Esens, www.kirche-esens.de.

7. Schöner wohnen und leben in Ostfriesland

Den Alltag wussten sich die Vorfahren schon immer angenehm zu gestalten: Es gab Zeiten, da waren die Ostfriesinnen berühmt für ihren kostbaren Goldschmuck. Auch die Farbe Blau prägte sehr das Leben: Man trug Tücher mit weißen Mustern auf Indigo oder richtete sich ganze Zimmer mit Fliesen nach Delfter Vorbild ein. Der Tee kam zusammen mit kostbarem Porzellan ins Land und wurde Nationalgetränk. Neben dem neuen „Drachengift" aus China blieb man stets Bier und Branntwein treu. Dazu erklang irgendwann sehnsuchtsvoll das Lied von den Nordseewellen, und zum sportlichen Zeitvertreib schleuderten Ostfriesen schon vor hundert Jahren im Winter kleine Kugeln über fest gefrorene Wiesen.

Einfach königlich: Der Schmuck der Ostfriesinnen

<●○○○○○○>

Sie hatten schwer zu tragen an ihrer Tracht: Gold glänzte überall an ihrem Körper und auf ihrem Kopf. Sie waren reich und zeigten dieses auch. Besonders an Festtagen führten Ostfriesinnen eine Pracht aus, *„daß man ähnliches in der gesamten Christenheit kaum jemals wieder sieht"*, wissen Augenzeugen aus dem frühen 16. Jahrhundert zu berichten. Sie waren so reich behangen, *„daß sie nicht weniger belastet als geschmückt erscheinen"*. Ein wahres *„Spectaculum"* für Besucher aus der Ferne.

Einer Königin gleich schritten sie durch ein Land, das sie durch ihre einzigartige Stellung im Seehandel des frühen Mittelalters vermögend gemacht hatte. Inspiriert von den Eindrücken der fernen Welt, von den Kreuzzügen Richtung Orient, von Byzanz und Ravenna, und auch unter Einfluss französischen Stils und Herrlichkeit entwickelte sich in Ostfriesland eine üppige, reiche und einzigartige Festtracht.

Zum feierlichen Ornat einer vornehmen Ostfriesin gehörte damals ein breites Stirndiadem. Es bestand aus sieben mit Edelsteinen geschmückten Goldplatten. Die einzelnen Glieder waren mit Scharnieren verbunden und schmiegten sich von der Mitte aus immer schmaler werdend um den Kopf der Trägerin. *Pael* nannte man dieses kostbare Schmuckstück, das das Haupt einer jeden Frau von hohem Stand krönte.

Einmalig war auch der Aufnähschmuck der Ostfriesinnen. Das schlichte, grün- oder meist rotfarbene Gewand, bodenlang und mit vielen Falten, war von oben bis unten mit unzähligen goldenen Platten geschmückt. Diese waren auf den Stoff aufgenäht und liefen in langen Streifen über das Kleid. *Schersson* nannte man diese Streifenbänder aus Gold.

Dann gab es noch den *Eskart*, auch *Span* oder *Fürspan* genannt. Das waren große runde Spangen, die man sich wie Schilde vor die Brust schnallte oder hing. Manchmal waren bis zu fünf davon zu einer Art metallenem Mieder zusammengefügt.

Und damit nicht genug des Schmuckes: Man streifte sich noch goldene Reifen in großer Zahl über die Arme, die *Armilla*, befestigte daran und auf den Schultern unzählige Glöckchen, die *Tintinabula*, und wer das nicht genug war, die hing sich noch eine baumelnde Dreierkette vor die Brust. Die goldenen Ringe an Finger und Ohren gingen da schon fast unter. Selbst die Strümpfe waren bei manch einer noch mit Gold und Edelsteinen versehen.

Aber auch das Alltagsgewand der Ostfriesin war keine gewöhnliche Tracht. Selbst zur Arbeit auf dem Feld ging man mit goldenen Schellen, Armbändern und Gürtel und legte besonders viel Wert auf seinen Haarschmuck. Der lange Zopf hinten wurde mit dem sogenannten *Stuckelband* geschmückt und verlängert: Das war eine äußerst lange Kette, reich verziert mit Glöckchen und kleinen Schmuckblättern, die in einem auffälligen Gehänge aus silbernen und vergoldeten Kügelchen an der Hüfte endete.

In bezaubernden Bildern und Farben ist dieses alles festgehalten im *Lütetsburger Hausbuch*, das bei seinem ersten öffentlichen Erscheinen Ende des 19. Jahrhunderts eine kleine Sensation war. Dabei handelt es sich um eine Art Notizbuch, 184 Seiten insgesamt vom Umfang, das Burgherr *Unico Manninga* seit 1561 führte, um wesentliche Dinge seiner Familie und seines Besitzes festzuhalten. Die Zeichnungen vom kostbaren Schmuck und der Tracht der Ostfriesinnen gab er aus Traditionsbewusstsein und dem Gefühl, dass diese goldenen Zeiten bald für immer vorbei sein werden, in Auftrag.

„Dewile ick spore…“, so steht es heute noch in seiner Einleitung und Handschrift geschrieben, die er zu den 16 Blättern mit großformatigen Portraits und vielen Detailzeichnungen verfasst hat. Weil er spürt, dass alles bald vergangen sein wird, wollte er es

festhalten. Der Historiker *Johannes C. Stracke*[20], Verfasser des wissenschaftlichen Standardwerks zu *Tracht und Schmuck Altfrieslands*, vermutet, dass die Bilder aus der Feder von *Hinrich* oder *Hendrick Maler* aus Groningen stammen, der 1570 in die Dienste von *Unico Manninga* trat.

Vielleicht waren es aber auch die unruhigen neuen Zeiten, die *Unico Manninga* dazu bewogen, die alten für immer festzuhalten. Es war eine Zeit des Umbruchs, der Glaubenskriege und politischen Flüchtlinge aus den um ihre Unabhängigkeit kämpfenden Niederlanden nebenan. Zudem fegten in den siebziger Jahren drei gewaltige Sturmfluten über Ostfriesland: 1570 zerstörte die große *Allerheiligenflut* fünfzig Häuser in der Herrschaft Lütetsburg und tötete viele Menschen. 1573 und 1587 schlug die Nordsee nochmals fürchterlich zu.

Die Abbildungen der farbenfrohen alten Trachten klingen wie ein Abschied von einer Welt, die schon zum Zeitpunkt ihres Entstehens im Verschwinden begriffen war. Die Pracht dieser Friesinnen steht symbolisch für das *Goldene Zeitalter* Ostfrieslands, das im ausgehenden 16. Jahrhundert nur noch schwach am Horizont schimmerte. Mit Diademen, Brustschildern und Haarschmuck aus schwerem Gold gehen die ostfriesischen Frauen bald nicht mehr aus. Nichts strahlt mehr in leuchtenden Farben, nichts glänzt mehr. Ab jetzt wird alles dunkel, nicht nur die Kleidung der Frauen.

[20] Johannes C. Stracke ist Verfasser des wissenschaftlichen Standardwerks zu Tracht und Schmuck Altfrieslands, das er nach den Darstellungen im Lütetsburger Hausbuch verfasst hat. Herausgeber: Ostfriesische Landschaft, 1967

Das blaue Wunder: Drucken und Färben mit Indigo

<●●○○○○○○>

Seit 2017 ist er aufgenommen in die bundesdeutsche Liste des immateriellen Kulturerbes: der Blaudruck. Gerettet und am Leben gehalten wird das alte Handwerk auch an der Nordsee. Denn mit der *„Blaudruckerei im Kattrepel"* findet sich im friesischen Jever einer der wenigen Orte in Deutschland, an denen man diese selten gewordene Kunst noch pflegt.

Seit über dreißig Jahren hat *Georg Stark* hier seine Werkstatt, entdeckt und forscht unermüdlich zu dieser historischen Kulturtechnik und setzt seine Erkenntnisse dann gerne in die Praxis um, in wunderbare Textilien aus Leinen, Baumwolle, Hanf, Samt und Seide. Tausende von Besucher hat er in den vergangenen Jahrzehnten eingeführt in das Handwerk vom Drucken und Färben, und direkt am Objekt demonstriert, wie die kunstvollen weißen Muster in das dunkle Blau der Stoffe kommen.[21]

Blaudruck ist eigentlich ein leicht irreführender Name für die alte Disziplin. Denn in Blau gedruckt wird bei der historischen Technik rein gar nichts. Bedruckt werden genau genommen die Stellen im Stoff, die später ungefärbt und damit Weiß bleiben sollen. Dazu nimmt man eine klebrige Masse, den so genannten *Druckpapp*, und streicht diese auf mit Mustern verzierte Druckstöcke, die *Modeln*.

Blau kommt erst sehr viel später ins Spiel, wenn der mit der schützenden *Reserve* behandelte Stoff zum Färben in die Indigo-Küpe getaucht wird. Die ist bei *Stark* drei Meter tief in den Werk-

[21] Die Blaudruckerwerkstatt befindet sich in einem Speicher von 1822, gelegen im alten Kattrepel in Jever hinter der Fußgängerzone Neue Straße. Der Besucher kann beim Drucken und Färben zusehen und erhält Erläuterungen zur Tradition dieses Handwerks (www.blaudruckerei.de).

stattboden eingelassen und sorgt dafür, dass die Stoffbahnen frei hängen und so eine gleichmäßige Indigo-Färbung entsteht.

Herausgezogen aus dem Färbebottich ist der Stoff allerdings nicht blau, sondern grün! Das sprichwörtlich *Blaue Wunder* passiert dann beim Kontakt mit der Luft. Wie durch Zauberhand verändert der Stoff seine Farbe und erstrahlt nach kurzer Zeit im kräftigen Indigo-Blau.

Das Färben mit dem tropischen Indigo kam durch den Handel mit Indien einst nach Europa. Bis dahin kannte man auf dem heimischen Kontinent für das Blaufärben seit Jahrhunderten nur den Färberwaid, das *Deutsche Indigo*. In Frankreich war dieses als *Bleu de Pastel* bekannt, und brachte der Gegend um Toulouse großen Wohlstand. Doch die schönen Zeiten waren mit dem Einzug der tropischen Indigopflanze *Indigofera tinctoria* bald vorbei, brachte die neue Pflanze doch eine größere Farbausbeute und viel intensivere Farbergebnisse als das europäische Färberwaid.

Bei den heimischen wie den tropischen Pflanzen wurde aus dem Saft der Blätter und mittels Fermentierungsprozessen ein blaues Pulver gewonnen, mit dem man die Textilien dann färbte. Als man ab 1897 in der Lage war, Indigo auch synthetisch herzustellen, verschwanden schließlich auch die natürlichen Farbstoffe zum Blaufärben vom Markt.

Ob mit künstlichem oder natürlichem, mit tropischem oder deutschem Indigo, der Reiz des Blaudrucks kommt vor allen Dingen durch das Weiß und die in Holz geschnitzten Muster der Modeln. Rund 700 alte Druckstöcke umfasst die Sammlung in Jever, von denen zirka 500 Muster druckbar sind – ein wahrer Schatz, den *Stark* in seiner Werkstatt und angeschlossenem Verkaufsraum hütet. Sie stammen aus ehemaligen Werkstätten in Ostfriesland, aus Holland, Ungarn und der Schweiz.

Die Leidenschaft des ehemaligen Geschichtsstudenten *Stark* gilt ganz den alten Motiven: „Ich drucke ausschließlich historische Dekore, wie sie in der Zeit von etwa 1660 bis 1900 in Gebrauch waren.“ Bis 1800 war Exotisches extrem angesagt, finden sich auf den Modeln häufig Granatäpfel, Pfauenfedern oder Lotusblumen.

Später wurden die Muster oft feiner und diskreter, beliebt sind Streublumen oder zierliche Streifendekore. Auch Muster aus dem „Art Déco“ um 1926 finden sich in *Starks* umfangreicher Sammlung.

Wie vor Jahrhunderten druckt er bis heute die Dekore von Hand auf den Stoff, setzt geduldig eine Model nach der anderen passgenau an, um lange Musterrapports zu erstellen. Die Druckstöcke sind aus Birnbaumholz, das eine Woche lang Tag und Nacht gewässert wurde. Das dann 20 bis 30 Jahre lang lagerte, bevor man in den Holzkörper ein kunstvolles Muster schnitzte. Sehr feine Musterteile wurden zusätzlich mit Metallstiften gebildet, die man in das Holz schlug. Die Druckstöcke erstellten so genannte *Formenstecher* – ein spezialisierter Handwerksberuf, der schon lange ausgestorben ist und daher jede noch erhaltene Holzmodel zu einer kleinen Kostbarkeit macht.

Damit auch sein seltenes Wissen nicht ganz verloren geht, hat *Stark* ein Buch herausgebracht, in dem er seine Forschungsergebnisse rund um das alte Handwerk des Blaudrucks zusammenfasst. Seine genaue Rezeptur für den Druckpapp macht er nicht öffentlich. Sie ist das Geheimnis eines jeden Blaudruckers. Nur so viel: Sie ist 400 Jahre alt und besteht aus „Gummiarabicum, weißer Tabakspfeifenerde, Kupervitriol, Galitzenstein, Saccharum Saturni, Alaun und Bufones Sanguinem“. Ob’s stimmt? Das weiß nur der Magier der blauen Farbe.

Chinas Blau macht Mode: Friesische Fliesenkunst

<●●●○○○○>

Sie prägte über viele Jahrhunderte die Wohnkultur in Ostfriesland: die *Delfter Fliese* in Kobaltblau auf weißem Grund. Dabei wurde sie nie in Ostfriesland hergestellt, sondern war eigentlich Importware aus den benachbarten Niederlanden. Wie schon zuvor in Holland, fanden auch die Ostfriesen schnell Geschmack an der neuen Mode, die im Laufe des 17. Jahrhunderts aus China an die Nordsee kam. Für alles Asiatische war das Interesse zu dieser Zeit sehr groß: Vor allen Dingen chinesisches Porzellan und Keramik bewunderte man sehr.

So zeigt ein großes Fliesentableau aus Delft etwa Motive mit typischen chinesischen Straßenszenen, mit spitzen Pagoden und tippelnden Reisbauern.[22] Kenntnisse über dieses ferne Land hatten die Seefahrer der *Niederländischen Ostindien-Kompagnie* zurück in die Heimat gebracht, die für die damals reichste See- und Handelsmacht regelmäßig in den *Fernen Osten* reisten. Vollkommen aus der Mode kamen dagegen italienische und spanische Fliesendekors mit vielen und kräftigen Farben, die bislang den Ton angaben. Wer beim Einrichten seiner vier Wände nun auf der Höhe der Zeit sein wollte, der setzte auf moderne Fliesenkunst aus China und damit auf Blau als einzige Schmuckfarbe. Das hatte bei chinesischen Fliesen weniger ästhetische, sondern vor allen Dingen technische Gründe: Wegen der hohen Brenntemperatur eignete sich kein anderer Farbton als Blau zum Dekorieren.

---

[22] Eine Abbildung des Fliesentableaus mit chinesischen Motiven findet sich ganz zu Beginn als Einstiegsfoto in dieses siebte Kapitel.

Das reine Fliesenweiß der Chinesen nachzuahmen, gelang holländischen Imitatoren zunächst nicht, da der dafür notwendige, vollkommen reine Ton aus Kaolin in Europa noch nicht bekannt war. So blieb der Untergrund anfangs noch ein wenig gelblich, bis man dazu überging, chinesische Fliesen zu importieren. In Delft fanden die ersten Versteigerungen chinesischer Fliesen statt, hier begann in der Folge die große Blütezeit der holländischen Fayencemanufakturen. Nach Delft folgten die Städte Rotterdam, Utrecht, Haarlem und Amsterdam als bedeutende Zentren der Fliesenherstellung – doch der Name *Delfter Fliese* blieb.

Auch in Ostfriesland wusste man sich ganz im Stil der neuen Zeit einzurichten. Schiffe, die die rauen ostfriesischen Walfänger zu den Abfahrtshäfen in den Niederlanden brachten, kehrten mit den modischen Fliesen im Frachtraum wieder zurück. Das Heimatmuseum *Leben am Meer* in der Peldemühle in Esens zeigt heute noch ein solches Fliesenzimmer im Originalzustand. Auch in historischen Gebäuden wie etwa dem *Teemuseum* in Norden[23] sind noch vereinzelt Prachtstücke der alten Kunst zu sehen. Doch im Allgemeinen ist nur noch wenig erhalten von dem typischen blauen Fliesendekor, der über viele Jahrhunderte den Einrichtungsstil der gesamten Region prägte.

Heute ist man allerdings nicht mehr auf den Import aus den Niederlanden angewiesen, sondern kann in Ostfriesland selbst fündig werden, wenn man sich ein Wenig echte alte friesische Wohn- und Lebenskultur in die heimische Wohnung holen will:

Im kleinen Dorf Loquard in der Krummhörn befindet sich die Fliesenmanufaktur von *Rolf* und *Gudrun Greeven*. Hier stellt das Ehepaar mit viel Leidenschaft, Kunstfertigkeit und Sachverstand friesische Fliesen auf traditionelle Art her – Handwerkskunst im besten Sinne. Sie fertigen Fliesen nach historischen Vorlagen, die

---

[23] Im Teemuseum von Norden befindet sich im Eingangsfoyer ein raumhoher Kaminofen mit Delfter Fliesen: www.teemuseum.de

Gudrun Greeven mit ruhiger Hand und Pinsel auf die glatten Flächen der Keramik überträgt. Ihr Mann ist zuständig für das Handwerkliche: für den Ton, den Fliesenzuschnitt, den Brand und den Ofen.

Zeit und Geduld braucht es, bis aus einem Quadrat hell brennenden Tons eine *Delfter Fliese* mit der typischen Unterglasur-Malerei entstanden ist. Jedes Stück ist ein Unikat. Kein Motiv gerät gleich, jeder Brand produziert eine einmalige Farbe. Zweimal wird jede Tonscherbe gebrannt. Nach dem ersten Brand wird sie mit Zinnglasur überzogen. Auf diesen glasierten Grund wird dann das eigentliche Motiv, das zuvor mit Kohlenstaub vorgezeichnet wurde, in Kobaltblau gemalt.

Danach erst wird die Fliese – zum zweiten Mal – gebrannt. Ein aufwendiges Verfahren, bei der es produktionsbedingt aber auch zu mehr Ausschuss kommt. Insbesondere Tableaus aus mehreren zusammengesetzten Fliesen sind schwer in der Herstellung. Eine einzige gesprungene Fliese kann die Arbeit von Wochen vernichten. Umso größer ist aber die Freude, wenn alles klappt.

Tableaus sind die Spezialität der *Greevens*. Regelmäßig geht eins dieser großen Tafelbilder „vom Stapel" der Fliesenmanufaktur, wie etwa der *Grönlandfahrer*. Es zeigt ein Walfangschiff, das sich über den Wellen erhebt und sich zu einem Tableau mit insgesamt 30 Fliesen formt. Besonders in der zweiten Hälfte des 17. Jahrhunderts waren solche großflächigen Fliesenbilder stark in Mode gekommen.

Wer es sich leisten konnte, der ließ in den Stuben sogar ganze Wände von oben bis unten fliesen. Das war nicht nur dekorativ, sondern praktisch: So hielt sich die Wärme von Ofen oder Kamin länger und gleichzeitig schützten die Fliesen vor Feuchtigkeit. Zudem waren die blauen Fliesenwände abwaschbar und dadurch sehr pflegeleicht.

Erst in der zweiten Hälfte des 19. Jahrhunderts wurden die Fliesen von der Papiertapete als Wandschmuck verdrängt.

Heute muss es ja nicht mehr gleich eine ganze Wand aus *Delfter Fliesen* sein. Auch eine Einzelfliese kann zum schönen Blickfang oder zum einmaligen Geschenk werden. Zur Auswahl gibt es bei den *Greevens* jedenfalls genug:

Neben maritimen Darstellungen wie Schiffen und Seeungeheuern aller Arten finden sich im historischen Repertoire viele Pflanzen, Blumen und Früchte, jede Menge Tiere, spielende Kinder und unterschiedlichste Berufe wie Handwerker, Hausstände und Soldaten. Speziell im Rokoko wurden nach antiken Vorbildern idealisierte Darstellungen von Hirten, Landschaften oder Szenen aus der Bibel gerne gesehen.

Wer nicht nur kaufen, sondern es mal selbst versuchen möchte, für den bieten die Greevens *an ausgewählten Tagen im Jahr in ihrem Atelier Kurse an. Man muss sich rechtzeitig anmelden, die Plätze sind begrenzt: Die Termine erfragt man am Besten beim Künstlerpaar selbst: www.fliesen-aus-friesland.de.*

Teetrinken: Süchtig nach dem dunklen Drachengift

<●●●●○○○>

Der berühmte Dichter *Heinrich Heine* war oft auf Norderney. Nach mehreren Sommerurlauben dort notierte er über die Insulaner:

„Die Eingeborenen sind meistens blutarm und leben vom Fischfang, der erst im Oktober, bei stürmischem Wetter, seinen Anfang nimmt. Das Seefahren hat für diese Menschen einen großen Reiz; und dennoch, glaube ich, daheim ist ihnen allen am wohlsten zumute. Unterwegs mitten in der duftigen Heimat des Frühlings, sehnen sie sich wieder zurück nach ihrer Sandinsel, nach ihren kleinen Hütten, nach dem flackernden Herde, wo die Ihrigen, wohlverwahrt in wollenden Jacken, herumkauern und einen Tee trinken, der sich von gekochtem Seewasser nur durch den Namen unterscheidet, und eine Sprache schwatzen, wovon kaum begreiflich scheint, wie es ihnen selber möglich ist, sie zu verstehen." (Aus: Reisebilder, Die Nordsee, 1826)

Ein vernichtendes Urteil! Ein wenig überspitzt formuliert. Auch der Tee kommt hier nicht sehr gut weg. Dabei ist gerade der ostfriesische Tee bekannt für seine ausgesucht gute Mischung, mit kräftigen Sorten aus dem indischen Assam und aus Sri Lanka. Heute gehört der Tee zum täglichen Leben in Ostfriesland, doch das war nicht immer so. Tee war lange Zeit äußerst kostspielig und für die meisten Menschen einfach nicht erschwinglich. Er kam von weit her aus dem Osten, aus China und Japan, und wurde über London und Amsterdam eingeführt.

Es war um 1610 als erstmals Schiffe der *Niederländischen Ostindien-Kompanie* Tee nach Europa brachten. Er war zu Beginn nur sehr vermögenden Kreisen vorbehalten und Teil eines Zeremoniells am Hofe, in der der Adel mit dem edlen Getränk auch seine neueste Errungenschaft, kostbarstes Porzellan aus China, vorführte. Daran verbrannte er sich auch regelmäßig die Finger, denn getrunken wurde die Köstlichkeit damals noch aus zarten Tässchen ohne Henkel.

Porzellan und Teegerätschaften aus aller Herren Länder und Zeiten sind in Norden, am Kopf des Marktplatzes, zu bestaunen. Die dort präsentierte *Sammlung Oswald von Diepholz* gilt als eine der weltweit bedeutendsten zur internationalen Kulturgeschichte des Tees. Eine kompetentere Stelle zum Thema gibt es wohl kaum in Deutschland. Gleich nebenan im historischen Backsteingebäude des *Alten Rathaus* tagt mit dem *Teemuseum* die Lokalfraktion der Tee-Experten, hier geht es ausschließlich um die ostfriesische Teekultur.

Anfänglich wurde der Tee als Medizin verabreicht, doch die Menschen kamen auf den Geschmack und der Tee als Genussmittel verbreitete sich im Laufe des 18. Jahrhunderts im ganzen Land. Und schließlich war er den Ostfriesen einfach nicht mehr abzugewöhnen, obwohl *Friedrich der Große* ihnen mit einem Erlass von 1777 das Teetrinken strikt verbot. Das hatte vor allen Dingen protektionistische Gründe. Er riet den Ostfriesen sogar dazu, wieder mehr Bier statt des *„chinesischen Drachengiftes"* zu konsumieren. Auch die alkoholfreie Alternative, besser einheimische Zitronenmelisse oder eine Petersilien-Art trinken, wie die Königlich Preußische Polizeidirektion in Aurich 1778 vorschlug, zündete nicht so recht. In einem Brief von 1779 heißt es:

„Der Gebrauch des Thee und Caffee ist hierzulande so allgemein und so tief verwurtzelt, dass die Natur des Menschen schon durch eine schöpferische Kraft müsste umgekehrt werden, wenn sie diesen Getränken auf einmal gute Nacht sagen sollte."

Weder herrschaftliche Erlässe noch ein *Teekrieg* gegen die Landstände konnten gegen die Sucht der Ostfriesen etwas ausrichten. Nur zwei Jahre nach dem Gesetz, wurde es 1779 wieder von den Preußen zurückgezogen. Das Teetrinken war wieder erlaubt im Lande.

In Notzeiten wurde dann auch geschmuggelt, was das Zeug hielt. So geschehen während der *Kontinentalsperre*, die Napoleon zwischen 1806 und 1814 verhängte und damit den gesamten Handel, auch den mit Tee, sanktionierte. Auch im *Ersten Weltkrieg* war die Versorgungslage besonders schlimm und die Qualität besonders schlecht.

Im *Zweiten Weltkrieg* wurde den Ostfriesen mit Lebensmittelmarken ihr Grundnahrungsmittel zugeteilt. Nur 30 Gramm schwer war die Monatsration, was beinahe einem Entzug des Lieblingsgetränkes gleichkam. Heute ist von Mangel keine Rede mehr. Tee ist für jedermann erschwinglich, für jedermann erhältlich.

Und noch immer so beliebt wie zu Beginn: Ein Viertel des gesamten Teeverbrauchs in Deutschland wird in Ostfriesland verzeichnet. Jeder Ostfriese verbraucht pro Kopf durchschnittlich 2,5 Kilo Tee pro Jahr. Getrunken werden 300 Liter jährlich, elfmal mehr als in Deutschland sonst üblich, wo man durchschnittlich ungefähr 28 Liter konsumiert. Da kommen selbst die Iren, Engländer, Russen oder Inder – allesamt aus großen Teetrinkernationen – aus dem Staunen nicht mehr heraus. Das ist Weltrekord.

Alkohol im Blut: Im Rausch von Bier und Branntwein

Im 18. und 19. Jahrhundert, noch vor dem Siegeszug des Tees, war das wichtigste Getränk der Ostfriesen Bier, das sich jeder zu Hause selber brauen oder aus einer der nahe gelegenen Kneipen holen konnte. Der beliebte Bierkonsum wurde von der Obrigkeit sogar gefördert, um zu verhindern, dass immer mehr Geld durch den Import von Tee ins Ausland floss. Denn die Zutaten für Bier wurden in ausreichender Menge im eigenen Land angebaut.

Die Gastfreundschaft der Ostfriesen rühmte schon der Amsterdamer Kaufmannssohn *Willem de Clerq*, der 1814 durch Ostfriesland und Bremen reiste. *De Clerq* hat von früher Jugend an regelmäßig in sein Tagebuch geschrieben. Diesem glücklichen Umstand verdanken wir sehr lebhafte Augenzeugenberichte aus dieser Zeit. Rund 30.000 Seiten Tagebuch hat er den Niederländern hinterlassen, darunter auch sehr aufschlussreiche Berichte vom ostfriesischen Teil seiner Reise:

„Da ich nun Ostfriesland verlasse, will ich das nicht tun, ohne die freigiebige und gastfreundliche Art seiner Bewohner zu huldigen. Diese Tugend ist bei den Ostfriesen sehr ausgeprägt. Wenn man zu einem Ostfriesen kommt, empfängt er einen mit der größten Gastfreundschaft, geleitet dich ins Haus und bietet dir alles an ohne nach deinem Namen oder Ziel zu fragen."

Er stellt aber auch weiterhin fest:

„Darüber hinaus wird in diesem Land kräftig an Bacchus geopfert und vom Morgen bis zum Abend findet man immer Zeit, um Wein oder Schnaps trinken zu müssen."

Eine historische „*Branntweinpest*" dokumentieren andere Quellen für das 19. Jahrhundert. Der Apotheker *Heinrich Buurmann* aus Leer kann von einer düsteren Zeit berichten, in der eine ganze Region dem Suff erlag.[24] Seit Menschengedenken trinkt man schon Branntwein in Ostfriesland, doch vor 170 Jahren nahm der Konsum von *Genever* und *Doornkaat* wohl bedenkliche Ausmaße an. Stark alkoholisiert verunglückten laut *Buurmann* Ostenfriesen reihenweise im Vollrausch, wie tragische Unglücksfälle etwa aus Leer oder Esens bezeugen. Eine regelrechte Alkohol-Epidemie breitete sich landesweit aus. Auch ein preußischer Gesandter konnte die Säufer zunächst nicht mäßigen.

Ab 1866 wurde der Alkoholausschank sogar konzessionsfrei. Doch der freie Verkauf und der ausgesprochen lebhafte Konsum von Schnaps und Bier erlebte solche Auswüchse, dass die ostfriesischen Gemeinden schließlich von der preußischen Verwaltung aufgefordert wurden, in *Säufertabellen* ihre notorischen Trinker zu melden. Weit verbreitet waren damals auch sogenannte *Mäßigkeitsvereine*, die versuchten, den allgemeinen Alkoholmissbrauch einzudämmen.

Die Zeiten als Ostfriesland dem Schnaps verfiel, sind lange vorbei. Auch wenn der ein oder andere Korn noch gerne durch durstige Kehlen fließt. Nicht Ostfriesland, sondern Deutschland insgesamt hat heute ein Alkoholproblem, wie die *Jahrbücher Sucht* regelmäßig belegen. Zur Mäßigung empfiehlt man nicht Vereine wie damals in Ostfriesland, sondern höhere Steuern und ein Werbeverbot.

[24] Heinrich Buurmann: Der Schapsteufel, Verlag Dr. Buurmann, 2018

Erfolg und Tragik einer Hymne: „Wor de Nordseewellen…“

Als die junge Frau die sehnsuchtsvollen Zeilen schrieb, lebte sie fernab ihrer Heimat seit fast zehn Jahren in Berlin. Dort arbeitete sie als Redakteurin beim „Deutschen Familienblatt“, bevor sie nach ihrer Heirat 1905 ihren Beruf aufgab. Das war damals so üblich. So hatte sie aber mehr Zeit für ihre ganz persönlichen Ambitionen als Schriftstellerin. Sie nahm erfolgreich an Literaturwettbewerben in Berlin teil und veröffentlichte kleine Gedichtbände. Darunter 1907 mit dreißig Jahren auch „Schelmenstücke. Plattdeutsche Gedichte“. Gleich das erste sollte Geschichte machen: „Mine Heimat“.

Darin schreibt *Martha Müller-Grählert* von ihrer Sehnsucht nach ihrer Heimat, nach Vorpommern, „wo die Ostseewellen trecken an den Strand“. Denn so heißt die inoffizielle Hymne aller Friesen - auch der Ostfriesen - im Original. Nichts von Nordseewellen und Deichen steht darin, auch nichts vom „gröne Marschenland“. Die kamen erst viel später hinzu. Wie die berühmte Melodie zum Text, die auch nicht aus der Feder eines Friesen stammt.

Ihr Komponist ist *Simon Krannig*, ein gelernter Tischler aus Thüringen, den es während der Walz nach Zürich verschlug und der sich dort als Fabrikant von Bilderrahmen niederließ. Er war aber auch leidenschaftlicher Chorsänger und -leiter sowie Komponist von mehr als hundert Liedern für Männer- und Frauenchöre. Zu ihm kam 1908 eines Tages ein Glaser aus Flensburg mit dem Gedicht von *Martha Müller-Grählert* in der Hand, das zuvor in den *Meggendorfer Blättern* veröffentlicht wurde, einer damals bekannten deutschen Satirezeitschrift. Ob er dieses Gedicht vertonen könne? Der Glaser verstarb kurz darauf, die Melodie war für immer in dieser Welt.

Gesungen wurden die *Ostseewellen* wohl zum ersten Mal vom Chor des Männergesangvereins in Zürich. 1909 folgte dann die Veröffentlichung der Noten durch einen Verlag.

Zu den *Nordseewellen* machte das Lied dann erst viel später ein anderer: *Friedrich Fischer-Friesenhausen*. Ein stramm nationaler Schriftsteller und antisemitischer Verleger aus Detmold, den es später mit seiner *Friesen-Verlags-Anstalt* über Kassel nach Soltau bei Hannover verschlug. Er hat die Ost- gegen die Nordseewellen ausgetauscht, weitere Änderungen an dem ursprünglichen Text gemacht und seine Bearbeitungen als Partituren ab 1922 verlegt und publiziert.

„Wo die Nordseewellen trecken an den Strand…" sollte einen weitaus größeren Bekanntheitsgrad erreichen als die Originalversion. Im norddeutschen Radio wurden die *Nordseewellen* ständig gespielt, auch auf den Fähren der *Frisia* zu den *Ostfriesischen Inseln* erschallte das Lied für Einheimische und Gäste. 1934 war es als Filmmusik zu „Heimat im Meer" in den Kinos zu hören, und auch der *Deutschlandsender* strahlte es gern und oft landesweit aus.[25]

Martha Müller-Grählert kämpfte jahrelang um ihre Urheberrechte und Tantiemen. Die hätte sie bitter nötig gehabt. 1914 zerbrach ihre Ehe mit *Max Müller*, der 1911 eine Gastprofessur in Japan erhalten hatte und mit dem sie dort bis zum Ausbruch des *Ersten Weltkriegs* gelebt hatte. Mit Vortragsreisen und Leseabenden verbesserte sie ihre finanzielle Lage. 1924 zog sie von Berlin zurück in ihre vorpommersche Heimat nach Zingst, wo sich ihre wirtschaftliche Not nicht wesentlich änderte. Sie soll einsam und arm am 18.11.1939 mit 62 Jahren in einem Altersheim bei Stralsund gestorben sein.

Das Urteil, das 1936 ihr und *Krannig* endlich die Urheberrechte zugestand, wurde erst nach ihrem Tod rechtskräftig.

---

[25] Laut einem Hörfunk-Feature von Deutschlandradio Kultur, 4.7.2011

Das Lied der Friesen

1. Wo de Nordseewellen trecken an de Strand,
Wor de geelen Blöme bleuhn in't gröne Land,
|: Wor de Möwen schrieen gell in't Stormgebrus,
Dor is mine Heimat, dor bün ick to Hus. :|

2. Well'n un Wogenruschen weern min Weegenleed,
Un de hohen Dieken seh'n min Kinnertied,
|: Markten ok min Sehnen un min heet Begehr:
Dör de Welt to flegen, ower Land un Meer. :|

3. Wohl hett mi dat Lewen all min Lengen still,
Hett mi all dat geven, wat min Hart erfüllt;
|: All dat is verswunnen, wat mi drück un dreev,
Hev dat Glück woll funnen, doch dat Heimweh bleev. :|

4. Heimweh nach min schöne, gröne Marschenland,
Wor de Nordseewellen trecken an de Strand,
|: Wor de Möwen schrieen gell int Stormgebrus,
Dor is mine Heimat, dor bün ick to Hus. :|

Mine Heimat (Das Original)

1. Wo de Ostseewellen trecken an den Strand,
Wo de gele Ginster bleuht in´n Dünensand,
|: Wo de Möwen schriegen, grell in´t Stormgebrus, –
Da is mine Heimat, da bün ick tau Hus. :|

2. Well- und Wogenrunschen, wir min Weigenlied,
Un de hogen Dünen, seg´n min Kinnertied,
|: Seg´n uch mine Sehnsucht, un min heit Begehr,
In de Welt tau fleigen öwer Land un Meer. :|

3. Woll het mi dat Leben dit Verlangen stillt,
Het mi allens geben, wat min Herz erfüllt,
|: Allens is verswunden, wat mi quält un drew,
Hev nu Frieden funden, doch de Sehnsucht blew. :|

4. Sehnsucht na dat lütte, stille Inselland,
Wo de Wellen trecken an den witten Strand,
|: Wo de Möwen schriegen grell in´t Stormgebrus, –
Denn da is min Heimat, da bün ick tau Hus. :|

Klootschießen: Der perfekte Sport für klirrend kalte Wintertage

Herken Oelrichs war zu seiner Zeit einer der besten Klootschießer Ostfrieslands. Es war 1912 als er den weitesten Wurf machte im legendären Lokalderby Ostfriesland gegen Oldenburg und damit seiner Mannschaft zu Sieg, Ruhm und Ehre verhalf. Das entspricht nach heutigem Maßstab dem Weltmeistertor von Mario Götze bei der Fußballweltmeisterschaft in Brasilien. Mindestens.

Von dem großen Moment zeugt heute noch eine alte Fotografie auf der sieben Männer, festlich in schwarze Anzüge gewandet, ernst und stolz in die Kamera schauen. Links im Bild steht die Fahne Ostfrieslands, zu Füßen der Herren liegen zwei kleine Kugeln und darunter geschrieben steht: *„Die Sieger und Bahnweiser von Ostfriesland im Klootschießen gegen Butjadingen vom 7. Februar 1912."*

Für Nicht-Ostfriesen sollte an dieser Stelle erklärt werden, worum es sich beim *Klootschießen* eigentlich dreht. Es handelt sich dabei um ein Wurfspiel zwischen zwei Mannschaften, das in Deutschlands Norden und in den Niederlanden schon seit vielen Jahrhunderten gespielt wird. Laut *Friesischem Klootschießerverband* soll es sogar der älteste Sport der Welt sein.

Der Name *Kloot* stammt von dem niederdeutschen *Kluten*, was so viel wie Erdklumpen bedeutet. Heute ist der Klumpen eine Kugel, heißt aber immer noch *Kloot* und muss bei einem Durchmesser von 58 mm genau 475 Gramm wiegen. Außen hat die Kugel einen Mantel aus Buchenholz, dieser ist in drei Richtungen kreuzweise durchbohrt und der Hohlraum innen mit Blei gefüllt. Beim *Klootschießen* geht es nun darum, eben diese Kugel möglichst weit zu werfen.

Das hört sich einfacher an als gedacht, dazu bedarf es einer ganz speziellen Wurftechnik. Nach einem Anlauf von etwa 25 Metern folgt eine Kombination aus Bein- und Armbewegungen, in deren Verlauf der Werfer eine Rampe hinaufspringt, den Wurfarm weit nach hinten reißt und in einer Bewegung von fast 360 Grad den *Kloot* von unten nach vorne schleudert und dabei die volle Wucht der Sprungbewegung in den Wurf mitnimmt. Das rasante Geschleudere und Gedrehe von Arm und Schulter, der *Flüchterschlag*, muss die Rotorenmanschette erst einmal überstehen.

Scheint aber Spaß zu machen, sonst wären nicht so viele dabei. Ein Zentrum der ostfriesischen Nationalsportarten ist bis heute auch der Ort, aus dem der einst siegreiche *Herken Oelrichs* stammte.

Utgast hat rund 350 Einwohner. Mindestens die Hälfte davon sind beim örtlichen Verein, der *„Tresenu" Utgast e.V.*, aktiv. Auch der langjährige Weltrekordhalter im Klootschießen, *Gerd Gerdes*, stammt aus dem kleinen Dorf in der Nähe von *Esens*. 1935 warf er den *Kloot* sagenhafte 101,50 Meter weit. Ein Rekord, der erst fünfzig Jahre später eingestellt werden sollte. Ihm zu Ehren fand dann auch 2012 der große Feldkampf zwischen Ostfriesland und Oldenburg in seinem Heimatort statt.

Denn bis heute treten die Auswahlmannschaften Ostfrieslands und Oldenburgs regelmäßig gegeneinander an. Diese Begegnung ist jedes Jahr der Höhepunkt aller Wettkämpfe der Saison. 2012, genau 100 Jahre nach dem Siegeswurf von *Herken Oelrichs* für Ostfriesland, gewannen übrigens die Oldenburger den traditionellen „Nationen-Cup" im Klootschießen. „2000 Zuschauer" *– so die Ostfriesen-Zeitung –* „erlebten den Krimi von Utgast".

Klootschießen ist eine Sportart, die nur bei Frostwetter ausgetragen wird. Die Felder und Weiden müssen richtig festgefroren sein, um auf ihnen spielen zu können. Beim Feldkampf wird eine Strecke von etwa sieben Kilometern über Felder und Wiesen durchgeworfen. Jede Mannschaft besteht aus mehreren – meist sieben – Werfern und wirft nacheinander gegeneinander. Der Punkt, an dem die Klootkugel nach dem Ausrollen, dem *Trüllen*, liegen bleibt, markiert die nächste Abwurfstelle.

Den Wettkampf begleiten zahlreiche Rituale. So müssen beide Mannschaften mit dem angesetzten Termin, der festgelegten Strecke und den Regeln für die Punktevergabe einverstanden sein. Obligatorisch ist auch das Aufhängen des *Kloots* beim Gegner. Das ist sichtbares Zeichen der Herausforderung zum Wettkampf. Wenn der Gegner die Kugel abreißt, dann gilt der Wettkampf als angenommen. Nur wenige Stunden später geht es los und es erschallt die Trompete als Signal und Warnung zu jedem Wurf.

Neben dem Feldkampf gibt es beim Klootschießen auch noch den Standkampf. Hier spielen nicht zwei Mannschaften auf fortlaufender Strecke, sondern alle Teilnehmer gegeneinander von einem festgelegten Abwurfpunkt. Sieger ist der Werfer, der von allen am weitesten wirft. Das Ausrollen, der *Trüll*, wird hierbei nicht mitgezählt, es wird also nur die tatsächlich geworfene Weite angerechnet. Der Standkampf wird häufig von Vereinen für Meisterschaften eingesetzt.

Besonders erfolgreich in dieser Disziplin war *Stefan Albarus*, der mit einem Wurf von 106,20 Metern in 1996 bis heute amtierender Weltrekordhalter im Klootschießen ist. Er hat aber nicht nur mit diesem Rekordwurf Sportgeschichte geschrieben.

Vor allen Dingen bleibt sein Europatitel von 2000 in Erinnerung, bei dem es ihm gelang, in drei Würfen jeweils über die magische Grenze von 100 Metern zu werfen. Das ist vorher und nachher keinem Sportler gelungen. *Albarus* hat für den *KBV „Noorden" e.V.* gespielt, 2011 seine Karriere beendet und lebt heute in Alamogordo in den USA. Eine Ehrentafel im stadtgeschichtlichen Teil des Norder Teemuseums erinnert an seine herausragenden Leistungen.

Die Rahmenbedingungen für den eiskalten Sport des Feldkampfes waren gestern wie heute eher ungemütlich. Heute gibt auf glattem Untergrund eine Anlaufmatte dem Klootschießer Halt. Vor hundert Jahren musste der Anlauf noch mühsam von Eisplatten befreit und gerade geschabt werden. Auch war die Sportbekleidung damals noch nicht so ausgefeilt wie heute.

Früher warf man *up't Ünnerst.* Das heißt, „bis auf das Unterste entkleidet". Die Werfer spielten nur mit langer Unterhose und mit Unterhemd. Auch *Herken Oelrichs* warf 1912 in Unterwäsche. Gegen die Kälte half dann der Schnaps. Mit dem hielt man sich ein wenig warm und schützte sich vor einer Lungenentzündung, die als Gefahr immer tödlich im Raum stand.

Heute schützen den Werfer die laborgeprüften Ultra-High-Tech-Fasern der Sportindustrie vor ähnlichen Gefahren, doch Schnaps ist immer noch ein wichtiger Begleiter der friesischen Outdoor-Veranstaltungen im Winter.

Auf ein Wort zum Schluss

Dem siegreichen Klootschießer von 1912, *Herken Oelrichs,* ist dieses Buch gewidmet. Er starb nicht an Lungenentzündung, weil er sich bei seinem winterlichen Sport im Freien erkältet hätte, sondern an Tuberkulose. Die war damals noch nicht heilbar und raffte ihn mit 35 Jahren dahin. Er war mein Ur-Großvater.

Die Geschichte über das historische Klootschießer-Derby ist eine klitzekleine Episode in den ewigen Zeitläufen, doch deswegen nicht unwichtig. Denn nicht nur die großen Dinge, die Entscheidungen der Räte und der Herrscher, beschreiben die Vergangenheit in Ostfriesland. Es sind gerade die kleinen Dinge des Alltags, die uns mitnehmen zu den Vorfahren.

Dieses Buch ist keine Geschichte Ostfrieslands. Es ist nicht komplett, erzählt nicht chronologisch Jahrhundert um Jahrhundert die Meilensteine auf. Vielem ist kein eigenes Kapitel gewidmet, wie dem Sieg gegen die Wikinger, der Reformation und den Glaubenskriegen, der Herrschaft der Hannoveraner oder dem Nationalsozialismus in Ostfriesland, der mancherorts zu einem sehr antisemitischen Tourismus-Marketing führte. Aber vieles kommt dennoch vor, nur in anderen Zusammenhängen.

Durch die punktuelle Sicht auf die Dinge entsteht eine vielschichtige Historie von Land und Leuten in Ostfriesland. Ein Mosaik von Reportagen aus der Vergangenheit.

Die Fundamente, auf denen wir schreiten, wurden vor langer Zeit gelegt. Wir merken es nur nicht mehr im Alltag. Erinnern wir uns also öfter Mal daran. Und – Geschichte wird jeden Moment neu geschrieben. Morgen ist heute schon gestern.

Petra Wochnik

Danke

Ein Buch dieses Formats und Inhalts schreibt sich nicht von allein. Bei den langjährigen Recherchen zu den Geschichten über Ostfriesland haben mich viele Menschen unterstützt. Mein besonderer Dank gilt:

Alfred Schmidt, Experte zum historischen Walfang und der Seehundjagd, für seinen Gastartikel, für seine sachkundigen Hintergrundinformationen und für den Einblick in seine einmalige Privatsammlung in Emden.

der Ostfriesischen Landschaft, der Kultur- und Geschichtsbehörde Ostfrieslands mit dem Präsidenten *Rico Mecklenburg* und dem langjährigen Direktor *Rolf Bärenfänger.* Besonderer Dank gilt *Katrin Rodrian,* Leiterin der Regionalen Kulturagentur, und *Paul Weßels,* Leiter der Landschaftsbibliothek in Aurich. Dessen Team möchte ich besonders herzlich „Danke" sagen für die geduldige Hilfe bei der Suche nach Büchern, dem Bedienen der Scantechnik vor Ort und für manchen wertvollen Tipp.

Sehr danken möchte ich auch:

Dieter Mader und *Brigitte Bunde* vom Inselmuseum auf Spiekeroog für ihre nette Betreuung. Ohne die spontane Bereitstellung ihres Fahrrads wäre das Bild von der Seenotrettungsstation kurz vor Abfahrt der Fähre nicht entstanden.

Hans Ortelt (†), Nationalpark-Wattführer, für die sach- und fachkundige Unterstützung bei der spannenden Spurensuche nach der alten Postkutschenverbindung durch das Watt zwischen Hilgenriedersiel und Norderney, und auch *Hans-Gerd Coldewey* für seinen Vortrag mit einer Fülle an Quellenmaterial dazu.

Brigitte Junge, Leiterin des Historischen Museums in Aurich, für ihre kompetente und persönliche Unterstützung zu den vielen unterschiedlichen historischen Themen und Begebenheiten, die in dieses Buch eingeflossen sind.

Horst Schlechter, Leiter des Wald- und Moormuseums im idyllischen Berumerfehn, für die Lust, sein großes Wissen über das Land, das Moor und die Fehnkolonien in Gesprächen und auch sonst so gar nicht digital zu teilen.

Hajo van Lengen, Direktor der Ostfriesischen Landschaft a.D., und *Hermann Schiefer,* Niedersächsischer Denkmalpfleger a.D., für die Expertise und Grundlagenforschung zur Baugeschichte der *Burg Berum.*

Gretje Schreiber, Historikerin und Fachfrau für das Quellenstudium historischer Schriften, für ihre Forschung und Beiträge zur barocken Schlossanlage der *Burg Berum.*

Fritz Deiters, Kommunikations-Chef a.D. von Norddeich Radio und Vorsitzender des Museumsvereins, für sein unermüdliches Engagement um die Ausstellungsstücke und die exklusive Führung in die ehemalige Welt des Funkdienstes.

Margit von Oppeln (†), langjährige Eigentümerin und „Seele" der *Burg Berum,* für viele unschätzbare Gespräche über die Geschichte Ostfrieslands und Häuptlingsburgen.

Gudrun und *Rolf Greeven,* Fliesenmanufaktur Fliesen aus Friesland, für ihre praxisnahen Einblicke in die uralte Kulturtechnik der Fliesenherstellung nach Delfter Vorbild.

Literaturhinweis und Recherche

Walter Deeters: Kleine Geschichte Ostfrieslands, Schuster Verlag, 1985. Für einen Überblick zur ostfriesischen Geschichte von den ersten Anfängen der Besiedlung bis zur Auflösung des Regierungsbezirks Aurich empfiehlt sich dieses historische Standardwerk. Ein Klassiker, verfasst vom ehemaligen Leiter des Niedersächsischen Staatsarchivs in Aurich.

An vielen Stellen im Buch verweisen Fußnoten auf weiterführende Lektüre. Weiteres Material findet sich in der Bibliothek der Ostfriesischen Landschaft in Aurich mit ihrem großen Bestand an „Ostfrisica". Wichtige Informationen zu diesem Band steuerten auch die zahlreichen Museen in Ostfriesland bei. Ein Besuch dort lohnt immer. Ein Überblick über den „Museumsverbund Ostfriesland" findet sich auf www.ostfriesischelandschaft.de.

Zu den Bildern

Kapitel 1: Das Bild zeigt die alte Seenotrettungsstation auf Spiekeroog. Sie gehört zu den ältesten Deutschlands und wurde 1862 gebaut.

Kapitel 2: Das Bild zeigt das ostfriesische Wattenmeer bei Ebbe, aufgenommen zwischen Hilgenriedersiel und Norderney im Abendlicht.

Kapitel 3: Das Bild zeigt Friedrich den Großen seinen Blick über Ostfriesland richtend. Die Bronzestatue steht an der Knock westlich von Emden.

Kapitel 4: Das Bild zeigt das Innere des prächtigen Mausoleums der Cirksena in Aurich. Zu sehen sind die zwei Prunksärge und die Emder Truhe.

Kapitel 5: Das Bild zeigt Lale Andersen, die Sängerin von Lili Marleen. Nach dem Krieg lebte sie auf Langeoog und wurde dort auch begraben. Ihre Bronzestatue steht unterhalb des Wasserturms.

Kapitel 6: Das Bild zeigt die Burg Berum, den uralten Häuptlingssitz in Hage. Der noch erhaltene Nordflügel der Vorburg war Teil einer der prächtigsten Residenzen Ostfrieslands.

Kapitel 7: Das Bild zeigt ein Fliesentableau aus der Frühzeit der friesischen Fliesenfertigung mit Motiven chinesischer Straßenszenen.

Über die Autorin und dieses Buch

Petra Wochnik ist der Kopf hinter dem Online-Magazin „Ostfriesland Reloaded" und Autorin vieler Artikel zur Region, für renommierte überregionale Magazine wie auch lokale Medienhäuser. Nach Jahren der Öffentlichkeitsarbeit für große Industrieunternehmen, stehen heute Natur-Erleben und Nachhaltigkeit im Fokus. Auch Historisch-Kulturellem gilt ihre Leidenschaft, und ganz besonders liegt ihr Ostfriesland am Herzen. Die Publizistin und Halbostfriesin liebt den wilden Westen im Norden: die Weite der Landschaft, den unendlichen Himmel und die Schönheit der Ostfriesischen Inseln.

Als Buchautorin hat sie sich mit „111 Orte auf Langeoog, die man gesehen haben muss" (2020) und „111 Dinge über das Wattenmeer, die man wissen muss (2021)" aus dem Emons Verlag einen Namen gemacht. Mit den „Geschichten von Gestern" legt sie eine Sammlung spannender, historischer Artikel vor, von denen viele bisher nur online auf „Ostfriesland Reloaded" zu lesen waren. Viele Momentaufnahmen aus der Geschichte Ostfrieslands, die sich nun im Buch in ein größeres historisches Ganzes einfügen.

„Ostfriesland. Ein schneller Ritt durch Raum und Zeit" ist in einer früheren Version als Print-on-Demand-Publikation erschienen. Das vorliegende Buch stellt eine komplett überarbeitete Fassung dar, mit neuem Layout, Satz und Papier sowie im Vier-Farb-Offsetdruck eines professionellen Verlagshauses und Druckerei.

Die Neuauflage dieses Bandes wurde durch die großzügige Unterstützung von Dr. Gabriele Hübener, Langeoog, ermöglicht. Ihr gilt ein besonderer Dank.